成吉思汗傳

馮承鈞 著

商務印書館

責任編輯：錢舒文
裝幀設計：趙穎珊
排　　版：高向明
責任校对：趙會明
印　　務：龍寶祺

成吉思汗傳

作　　者：馮承鈞
出　　版：商務印書館（香港）有限公司
　　　　　香港筲箕灣耀興道 3 號東滙廣場 8 樓
　　　　　http://www.commercialpress.com.hk
發　　行：香港聯合書刊物流有限公司
　　　　　香港新界荃灣德士古道 220–248 號荃灣工業中心 16 樓
印　　刷：中華商務彩色印刷有限公司
　　　　　香港新界大埔汀麗路 36 號中華商務印刷大廈 14 樓
版　　次：2025 年 9 月第 1 版第 2 次印刷

　　　　　ISBN 978 962 07 4611 6
　　　　　Printed in Hong Kong

目錄

編輯說明

本書以一九三五年商務印書館出版的《成吉思汗傳》為底本。為保留原書歷史面貌，編者僅修正若干錯字、統一全書體例和重新整理標點，其他則一仍其舊。

緒　言

《元史・太祖本紀》云:「帝深沉有大略，用兵如神，故能滅國四十，遂平西夏，其奇勛偉績甚眾，惜乎當時史官不備，或多失於記載。」具見修《元史》者對於成吉思汗之事跡，遺漏甚多。於是後人改纂有若干名稱不同之《元史》，或根據中國載籍改修，如《元史類編》等類是;或根據譯文補輯，如《元史譯文證補》之類是，迄今不下七、八種。史事固較舊史增多，然支離則較舊史更甚。

我以為改訂《元史》鳩輯史事固重，而考訂年代，劃一名稱尤重。新修諸本在年代方面固有比對西書而為改訂者，然於地名人名，歧互更較舊史為難讀。其故則在修史者未備具若干條件，蓋修《元史》者必須:(一)了解北方、西方若干語言;(二)明瞭漢字古讀，尤應知元人讀法;(三)名從主人。此三條件缺一不可。前之整理元史者，三者並缺，所以愈整理而愈支離。諸改訂本之中較差強人意者，要推《蒙兀兒史記》，緣其盡量採納《元史譯文證補》、《成吉思汗實錄》

等書之文，復賴譯人為之翻譯若干西籍。惟其最大缺點，則在不可以數計之漢語外的人名地名考訂，其穿鑿附會，竟使任何聲韻皆可相通，假使其僅限於附註，誤人尚淺，然且並著之於本文。玆略舉數事以明之。

阿剌壁或阿剌畢（Arabi）之稱，明人行記早見著錄，而屠氏一概改作阿濫謐。按《唐書》卷二二一下，安國治阿濫謐城，唐之安國即元之不花剌（Buqara），阿濫謐即昔之 Aryamithan 今之 Ramitan，牽強附會如此，未免太缺史地常識。

前一名稱尚可謂其中有若干聲韻相近者，然更有相遠者。其《西域列傳》（卷中第 1 頁）云：「花剌子模母可敦棄花剌子模而出走時，盡投諸部落故酋於阿梅河中，惟亞俱羅故酋之子得免。」註云：「亞俱羅種族名，《唐書》謂大食一名亞俱羅是也。有亞俱羅水源出亦薛不兒西北山，西流入里海，其入海之口即名亞俱羅海口，故里海一名亞俱羅海，有亞俱羅城。今圖作亞什勒特，或作阿什咧佛，在里海東南灣上，東距阿士特剌阿卜禿百數十里，西距撒里不足百里，疑即西北地附錄之朱里章。」

此段註釋，可謂盡牽強附會之能事，不特將近在一處之 Atrak 與 Gurgan 兩水混而為一，且將此二水與 Euphrates 牽合為一水。按亞俱羅一名首見《通典》引杜環《經行記》，乃黑衣大食之古都 Aqula，阿剌壁語名曰 Kufa，即《元史》西北地附錄[①]之苦法也。則屠氏所謂亞俱羅海口、亞俱羅海、亞俱羅城等稱，並是毫無郢書可據之燕說。所謂亞什勒特，應指 Ashurada 灣，所謂阿什咧佛，應指距海岸尚遠之 Ashraf。至若朱里章（Jurjan）遠在 Gurgan 河中流之北岸，更風馬牛不相及。又考《蒙兀兒史記》此處所謂「亞俱羅」者，西域書多作牙疾兒（Yazir），亦作牙思吉兒（Yazghir），此城後名都倫（Durun），處今里海鐵道 Beharden 車站附近，在 Askhabad 及 Kizil-Arvat 兩城之間，此乃花剌子模可敦自玉龍傑赤赴禡撈答而（Mazandamn）必經之路，所以留牙疾兒酋子作嚮導，並未遠至苦法或亞俱羅也。

右一名稱尚可謂「牙」、「亞」二字同韻，而後之聲韻稍涉影響也。然竟有無中生有者，《蒙兀兒史記》卷三（18 頁）採錄《聖武親征錄》木華黎將五部及女真、契丹之兵經略中原之文，其中有一火朱勒部，屠氏不識此名，硬斷其為火魯剌之訛，而改為豁羅剌思（Ǧorulas），並臆斷其統將即是名見《元秘史》卷四之薛赤兀兒。按別勒津（Berezin）本之剌失德丁史集相對之稱作火失忽勒（Qošiqul），突厥語 Qoš 猶言雙，乃由各隊中調發二人所組成之一軍，當時並無此火朱勒部。《親征錄》之火朱勒疑是火失勒之訛也。

屠氏從漢字音譯蒙文《元秘史》中識得若干蒙文名詞，

① 編者按，即《地理志・西北地附錄》。

乃不明蒙古語之變化，所以錯誤叢出。若乞顏（Kiyan）單數也，變為複數必須作乞牙惕（Kiyat），乃竟有作乞顏惕者。又如禿馬惕（Tumat）在蒙古語中似僅有複數之稱，大典本《元秘史》有作禿馬敦者，蓋連同語尾表示屬格之 -un 而言，在用作名詞之漢語中，並無須作敦，乃屠氏亦沿其誤。又如主兒勤（Jurkin）有時連同屬格而作主兒乞訥（Jurkin-u），大典本有時省作主兒乞，屠氏亦因之。如斯之類，皆足證其不明蒙古語之變化。既不知之，則不應處處以蒙古通自命。乃有時且將蒙古語表示複數之 -t 加之於其他語名之後，若 Ganga 之變作殑伽惕，而開梵文從來未有之先例。此外沿襲《元史譯文證補》及田中萃一郎所譯多桑（D'Ohsson，應作朵松）譯文之誤者亦夥。屠氏固亦曾延人節譯多桑書，惜譯人於此學非專門，譯文未免有所誤會。屠氏未能訂正，遂仍其誤。綜合其種種缺點，《蒙兀兒史記》抄掇比附元代載籍之文，固可說是空前，然其漢語外名稱之考訂，十之八九皆可刪除也。

前者我擬為《蒙兀兒史記》之《太祖本紀》、《西域列傳》作一糾誤，嗣以糾不勝糾，乃纂輯中西史文撰此成吉思汗事輯一卷，與《蒙兀兒史記・太祖本紀》比對讀之，其誤自見。所採史料，在中國載籍一方面，以《元秘史》、《親征錄》、《元史》三書為最多。西方撰述則取多桑書第一卷、巴兒脫德（Barthold）撰《蒙古侵略時代之突厥斯單》（第二版英譯本）、伯希和（Pelliot）考訂諸文（散見《通報》、《亞洲學報》之中者），尤於部族及譯名兩方面用力為最勤。

成吉思汗時代諸部族，中西學者尚鮮研究。《元史譯文證補・部族考》有目無書。《新元史》仍是抄掇錢大昕之《氏族表》，別無發明。兹取剌失德丁書之《部族志》，與中國載籍共比對，可考者錄之，稍涉疑義者不錄。例如《元史》卷一三二《麥里傳》謂麥里徹兀台氏，比對剌失德丁所著錄之部族名中有「札剌亦兒」部之別部 Čat。按阿剌壁字不著韻母，上名譯寫容有脫誤，因疑其作 Ča'ut。但《元史》同傳又云麥里領徹里台部。此「兀」、「里」二字不知孰誤。檢洪武本《元史》，歧互之點相同，則未便武斷其必為西域書中之「察惕」。如是未能比附者，第一章中概不著錄。

對於譯名務求劃一，原有譯名者，採用其一，不仿《元史譯文證補》之例，妄用新翻。蓋元人譯名亦知根據漢字音讀，若林之對 lim、尋之對 sim、三之對 sam、藍之對 lam。其漢語原無之 b、t、r、m 等類收聲，則以卜、惕、木、兒等字代之。此例在《元秘史》中頗常見也。《親征錄》、《元史》中之譯名固有時適用變例，然亦有例可尋，兹略舉數條以明之。

蒙古昔用畏吾兒字母，故常奪其原有之 g、ğ 聲母。若克烈部之別部禿別干（Tubägan，見《元秘史》卷五），又作禿別延（Tubäan，見《元秘史》卷七）、土別燕（《元史・宗澤傳》）。Bulgar《元史》作不里阿耳（Bul'ar），《元秘史》作孛剌兒（Bol'ar），Tangut 作唐兀，皆其例也。

蒙古語以及西域語常將 b 變作 m。若乞卜察黑（Qibčaq）之作欽察（Qimčaq）。又若 Tabğač 變作 Tamğač（此名在《西遊記》中作桃花石），致使近人將此最晚始於隋代之名稱臆斷作唐家。

蒙古語中採用之突厥語，常將 y 變作 j。若突厥語驛站作 yam，蒙古語變作 jam，由是漢語之站字又增一新義。突厥語部名押剌伊（Yalair），蒙古語則作札剌亦兒（Jalair）。

古譯常將 l 讀作 n，在元代幾成通例。若 Altan 之作按灘、Sultan 之作算端、Jalal 之作札闌，其例舉不勝舉。

蒙古語中之 -n，可有可無。若 Alči 亦作按陳（Alčin），河西亦作合申（Qašin）, Yuhunan 之作月合乃（此人在《元史》卷一三四中皆誤作月乃合），Urganj 之作玉龍傑赤（Urungäj），可以為證。

蒙古語對於發音之 r-，常疊用其後之韻母。如 Ros 之作斡羅思（Oros），又如 Rinčinpal 之作懿璘質班、Ratnatala 之作阿剌忒納答剌，皆其例也。

蒙古語對於頭一發聲之 A- 韻母，有時省略者，若 Abu-Said 之作不賽因，Abu-Bäkr 之作不別。此類省稱不僅見之於《元史》，並見之於波斯蒙古汗致密昔兒（Misr'Egypte）算端之國書中。明人譯同名之人亦省略其發聲之韻母，而作卜撒因（《明史》卷三三二《西域傳》）。

準是以觀，元人譯法為例雖不純，尚不難考求得之。至若《元秘史》譯例雖云謹嚴，然亦不無小疵，若泰亦赤兀惕偶亦作泰亦赤額惕（見卷二）；克烈通作客列亦惕，有時亦作格列亦惕（見卷四）；唐兀惕有時亦作唐忽惕（見卷五）；乞卜察兀惕有時亦作欽察兀惕（見卷八）；撒速惕後又作薛速惕（卷十二），多半疑是傳鈔之誤。《元秘史》卷十二列於馬魯、康鄰（康里）之間者，有馬答撒里部落，疑是馬撒答里之誤，似是 Mazandari=Mazandaran 之對音。蓋蒙古語亦有讀 z 如 s 之例也。除此而外，《元秘史》不辨 q 、ğ 二聲，有時 t 亦讀作 d，凡 s 在 -i 前概寫作 š，是皆《元秘史》之變例也。

本書為劃一譯名，特將所有人名、地名用羅馬字著其對音。所用譯寫方法，仍取前在《西域地名》中之譯寫方法，惟少變其例耳。前用之 ch 皆省作 č，前用之 sh 皆省作 š，前用之 kh 皆省作 q，前用之 gh 皆省作 ğ，新用之韻母若 ä 讀若法語之 é，新用之 ö 讀若法語之 eu，新用之 ü 與德語 ü 之讀法同。譯寫務求簡單。顧還原名稱之多，而其中有若干名稱因上述之種種變例，頗難保其不誤。然所敢自信者，雖誤亦不遠也。

二十三年一月三日[②] 命兒子先恕筆受訖。

② 編者按，一九三四年一月三日。

第一章 當時之諸部族

成吉思汗（Čingiz-qan）本人的部族是孛兒只斤（Borjigin）。同孛兒只斤血統關係較親密的蒙古部族，統稱尼倫（Nirun），其餘的蒙古部族統稱都兒魯斤（Durlugin）。蒙古部族以外的部族，可大別為東胡（Tongus）種的部族，同突厥（Turk）種的部族。這些部族我們雖然將他們大別為蒙古、東胡、突厥三種，其實並不是嚴格的區別，因為在歷史裏面言人種，就無純粹的人種，多少皆有血統之混合，充其量不過在語言、風習方面區別去。就是這類的區別，現在還在研究中，尚無確定的根據。我們沿襲舊稱，仍舊採用這三個名稱，無非為敍述之便利而已。所以在本書中所言的部族，切莫作人種中的民族解釋。當時的部族，幾盡是些遊牧部落，因為「牧」、「獵」、「刦」、「戰」等事的變遷，分合不常，甲部落中常有乙丙丁等等部落的人。在一最短期間，固然知道某部落中的某人是某氏，質言之，或是本部落的人，或是從別部落來降的、被俘的、被拾得的、被交換的，過了一定時間，因通婚的關係，便皆變作本部的人了。按照蒙古人的傳說，固然說每部落的祖宗是某人，這也不過是一種傳說而已，同中國古代氏族起源的傳說一樣，並無歷史根據，現在姑舉一個例子來說：蒙古尼倫部落中有個很強的部落，名稱主兒勤（Jurkin），相傳是合不勒汗（Qabul-qan）的長子斡勤巴兒合黑（Okin-Barqaq）之後，嚴格說，應該都是巴兒合黑的子孫，其實不然，《元秘史》卷四曾說，巴兒合黑因是長子，在百姓內選擇有膽量、有技能、有氣力，能射箭的人隨從他，而名曰主兒勤部，成吉思汗將此部滅了，又將他的百姓收為自己的百姓。當時諸部落的分合生滅，我以為皆可以這個主兒勤的例子類推。

前題既明，我現在試將中西載籍可考的部落名稱列舉於後。

（一）蒙古尼倫部

乞顏（Kiyan），多數作乞牙惕（Kiyat），相傳古代即有此稱，後在合不勒汗時重以為部族之號。孛兒只斤同主兒勤兩部，是從此部分出，所以此二部亦常冠以乞牙惕之號。

孛兒只斤，有說是孛端察兒（Bodančar）之後，有說是也速該（Yisugai）時始有是稱。

主兒勤相傳是斡勤巴兒合黑之後。

札荅闌（Jadaran），多數作札答剌惕（Jadarat），一稱札只剌惕（Jajirat），相傳其始祖是孛端察兒妻前夫之子，一說是兀都兒伯顏（Udur-Bayan）之後。

合塔斤（Qatagin），相傳是不忽合塔吉（Buqu Qatagi）之後。

撒勒只兀惕（Salji'ut），相傳是不忽禿撒勒只（Buqutu Salji）之後。

巴鄰（Barin），相傳是巴阿里歹（Ba'aridai）之後。

沼兀列亦惕（Ja'uräit），相傳是沼兀列歹（Ja'uräidai）之後。

那牙勤（Noyagin），相傳是那牙吉歹（Noyagidai）之後，一說為札黑速（Jaqsu）之後。

巴魯剌思（Barulas），相傳是巴魯剌台（Barulatai）、合出剌（Qačula）兄弟二人之後，一說謂合出里（Qačuli）之後。

不答安（Buda'an），多數作不答阿惕（Buda'at），相傳是合闌歹（Qaraldai）之後。

阿答兒斤（Adargin），相傳是阿答兒吉歹（Adargidai）之後，一說謂尋合赤溫（Sim Qači'un）之後。

兀魯兀惕（Uru'ut），相傳是兀魯兀歹（Uru'udai）之後，一說為札黑速之後。

忙忽惕（Mongut），相傳為忙忽台（Mongutai）之後，一說為札黑速之後。

失主兀惕（Siji'ut），相傳為失主兀歹（Siji'udai）之後，一說為抄真斡兒帖該（Ča'učin Ortägai）之後。

朵豁剌惕（Dogolat），相傳為朵豁剌歹（Doğoladai）之後，一說為孛端察兒朵豁闌（Bodančar Doğolan）之後。

泰亦赤兀惕（Taiči'ut），相傳為俺巴孩（Ambağai）之後。

別速惕（Bäsut），一作亦速惕（Yisut），相傳為別速台（Bäsutai）之後，一說為赤納台斡赤斤（Činatai Otčigin）之後。

赤那思（Činos），相傳為堅都赤那（Kändu Čino）、斡羅黑真赤那（Oloqčin Čino）兄弟二人之後。

晃豁壇（Qonğotan），相傳為抄真斡兒帖該六子之後，下五部同。然西域書謂下五部非尼倫部族。

斡羅納兒（Oronar）。

阿魯剌惕（Arulat）。

雪你惕（Sünit）。

合卜禿兒合思（Qabturqas）。

格泥格思（Gänigäs）。

這些尼倫部落，同後面列舉的若干都兒魯斤部落，遊牧之地大致在斡難（Onan）、怯綠連（Kerourän）兩水流域，孛兒只斤部牧地似在斡難、怯綠連、禿剌（Tuğla）三水發源的地方。

（二）蒙古都兒魯斤部

朵兒邊（Dorbän），多數作朵兒伯惕（Dorbät），剌失德丁（Rašidud-din）曾將此部列在尼倫部之內，是不對的。因為據他所說，阿闌豁阿（Alan Ğo'a）寡居時所生三個兒子的後人皆是尼倫部，而朵兒邊是阿闌豁阿丈夫的四個姪兒之後，不當列在尼倫部內。

兀良合惕（Urianqan, Urianqat）。

弘吉剌惕（Qongirat），此部有人說是突厥種，其牧地好像與塔塔兒（Tatar）部相接，也在捕魚兒海（Buirna'ur）附近，同也兒古納（Ärgunä）河一帶；剌失德丁說弘吉剌部有四個別部，在中國載籍中可考的，只有下列兩部，可是中國載籍並未說是弘吉剌的別部。

亦乞剌思（Ikiras），牧地在也兒古納河畔。

斡勒忽訥兀惕（Olgunu'ut）。

火魯剌思（Ǧorulas）。

也里吉斤（Iljigin）多數作（Iljigit），《元史》曰燕只吉台。

阿魯剌惕（Arulat）。

許兀慎（Hü'ušin）。

速勒都思（Suldus）。

亦禿兒堅（Iturgän），此部在剌失德丁書中作（Ilturkin），說是部名；而在《親征錄》中頗難辨別是部名抑是人名。在《元秘史》凡兩見，皆作兩個使臣的名稱，大約是譯人誤以部名作人名。

伯岳吾惕（Baya'ut），此部的牧地在貝加爾（Baikal）湖之南，好像當時屬於突厥種的康里（Qanǧli）部中也有個別部名伯岳吾。

（三）東胡、突厥等部

肅良合（Solanqa），此部所指的是高麗人，好像並將高麗附近一帶的東胡部落也包括在內。

女真，蒙古語名之曰主兒扯（Jurčät）。

契丹，蒙古語名之曰乞塔惕（Qitat），此名大概是從契丹轉出的多數之稱。

塔塔兒，是東胡語系的部落，牧地在捕魚兒海附近。剌失德丁說分為六部，中有四部同《元秘史》著錄的名稱大同小異，就是《元秘史》的都塔兀惕塔塔兒（Tuta'ut Tatar）、阿勒赤塔塔兒（Alči Tatar）、察罕塔塔兒（Čağan Tatar），主因塔塔兒（Juïn Tatar）。此外《元秘史》中還有阿亦里兀惕塔塔兒、備魯兀惕塔塔兒、阿魯孩塔塔兒三部，與剌失德丁所著錄的餘二部名稱完全不同。《元史》中還有個按灘脫脫里（Altan Tatar），猶言金塔塔兒，僅見《闊闊不花（此言青牛）傳》，恐是阿勒赤塔塔兒之誤讀。因為蒙古語中的 n 生滅無常，阿勒赤也有譯作按陳（Alčin）的，然則從按陳變為按灘，只須錯一個字母，就可發生這種誤會。塔塔兒部同汪古惕（Ongut）部皆是為金國守邊牆的部落，時常捕送他部的酋長獻給金國。

札剌亦兒（Jalaïr），此部的牧地似在斡難河北，大概是同蒙古雜居的突厥部落。因為突厥語中的 y，在蒙古語中常改作 j，此部部名在《元史》中固常作札剌兒，然在《本紀》中初見即作押剌伊而（Yalaïr），可以令人推想他是突厥語系的部落。剌失德丁說札剌亦兒大別為十部，在中國載籍中可以考見的，好像只有兩部，一名脫忽剌溫（Toqura'un），見《元秘史》，一名朵郎吉（Tolangit），見《親征錄》，此外無考。

蔑兒乞惕（Märkit），一名兀都亦惕（Uduyut），分為四部曰兀洼思（Uvas），見《元秘史》；曰麥古丹（Mo'udan），見《親征錄》，餘二部僅見剌失德丁書，也是突厥語系的部落，牧地似在薛靈哥（Sälängä）斡兒寒（Orqan'Orkhon）流域。

克烈惕（Keräit），也是突厥語系的部落，牧地在斡兒寒、禿剌兩河的流域，北鄰蔑兒乞，東鄰蒙古諸部，尤與孛兒只斤部緊接，所以他們的關係很密切；好像克烈部強時，孛兒只斤等部也臣屬過。剌失德丁說除克烈本部外還有五個別部，中有三部可以在中國載籍中考見其名稱，這就是只兒斤（Jirgin）、董合亦惕（Tonqaït）、禿別干（Tubägän）三部，其名並見《元秘史》。禿別干在元代載籍中亦作土別燕，大約是脫落 g 聲母，所以變成 Tubä än 了。

乃蠻（Naiman），也是突厥語系的部落，牧地最廣，東鄰克烈，北鄰乞兒吉思（Kirgiz）、謙謙州（Kämkämji'ut）兩部，西鄰康里，南以阿勒台（Altai）山為界，其中有個重要的部落名稱古出古兒（Gučugur）。

兀兒速惕（Ursut）。

帖良古惕（Tälängut）。

客思的迷（Kestimi），此三部居地似在貝加爾湖西，同昂哥剌（Angara）河東之森林中。

林木中之兀良合惕，此部與蒙古諸部中的兀良合惕有別，似亦居同一地帶之森林中；《元秘史》名此部曰槐因亦兒堅（Hoïn irgän），猶言林木中百姓。

斡亦剌惕（Oïrat），好像是蒙古部落，不過牧地在蒙古諸部之外，處玉須（Yenisei）水上流謙（Käm）河一帶，與乞兒吉思為鄰。

乞兒吉思。

謙謙州，此二部居地在謙河沿岸。

巴兒忽惕（Barğut），居貝加爾湖東，巴兒忽真（Barğučin）河畔。其別部有四，在中國載籍中可考者有下列二部。

不里牙惕（Buriat）。

禿馬惕（Tumat），此部亦稱豁里禿馬惕（Ğori-Tumat），猶言老禿馬惕也。

火兒罕（Ğorqan），應是《親征錄》中之火魯罕。

撒合亦惕（Saqaït），此二部居地未詳。

汪古惕，居河套北，似屬突厥語系部落。突厥語謂長城曰汪古，因以為部名。史亦名此部曰白達達，則為察罕塔塔兒之別譯，然而必非塔塔兒部。至若名之曰白達達者，疑因其同塔塔兒部在東西兩地同守金之邊牆，金人或亦誤稱之曰塔塔兒歟？此說誠知薄弱，可是難得別解。

唐兀惕（Tangut），就是寧夏、甘肅、青海一帶的西夏國。蒙古人先名此國曰河西，《元秘史》一訛而為合申（Qašin），後改稱曰唐兀惕，此部既非東胡，亦非突厥。

亦必兒失必兒（Ibir-Sibir），此部似在乞兒吉思部之北，《元秘史》省稱作失必兒，其全名見《元史・玉哇失傳》。

（四）西域諸國

畏吾兒（Uigur），就是隋唐時代的回紇，被乞兒吉思（黠戛斯）破滅後，其殘部徙居現在新疆東部、別失八里（Bešbaliq，今孚遠北）、哈剌火州（Qara-Qojo，今吐魯番東）等地。

哈剌魯（Qarluq），居伊犁河流域，其中有個阿力麻里（Almalik）國，就是此部所建之一國。

哈剌契丹（Qara-Qitat），即史之西遼，建都於垂（Čui）河附近之八剌撒渾（Balasağun）。此國最強，畏吾兒、哈剌魯等部以及西方諸國皆稱藩於西遼。

河中，地在昔渾（Sihun，古藥殺水）、只渾（Jihun，昔烏滸水，一名阿母河 Amu）二水之間。西遼曾在此地置河中府，本地亦有君主君臨此地，建都於撒麻耳干（Samarkand），而稱藩於西遼。歐洲人名此地曰 Transoxiane。

花剌子模（Khwarizm），地在阿母河與里海間，亦自成一國，建都於玉龍傑赤（Urgänj）。成吉思汗西征以前，此國最大。今之阿富汗斯坦（Afğanistan）、波斯（Parsa）兩地皆列其版圖。

報達（Bağdad），是黑衣大食（Abbasside）教主（Qalifa）之都城，時其國境日削，領地[③]。

魯木（Rum）是小亞細亞之突厥蠻（Turkman）所建國，元代的拂菻，大概即指此國；可是拂菻有時與富浪（Farang, Frank）相混，富浪就是西亞人名稱歐洲人之稱。

苫國（Šam），就是歐洲人所稱的西利亞（Syrie），此國常屬密昔兒（Misr），密昔兒諸宗王常分藩於此。

密昔兒，就是歐洲人所稱的埃及（Egypte）。

曲兒忒（Kurd）部，在波斯、魯木兩地之間。

谷兒只（Gurji,Georgie）國，在太和嶺（Caucase）之南。

薛兒客速惕（Särkäsut,Circas）。

阿速（As），一名阿蘭（Alain），此二部在太和嶺北。

康里部，在鹹海之北。

巴只吉惕（Bajigit），此部在札牙黑（Jayaq）水之上流，札牙黑今名兀剌勒（Ural）水。

不里阿耳（Bulgar），《元秘史》作孛剌兒，居地在昔亦的勒（Itil）今窩勒伽（Volga）水之上流。

---

③　編者按，原文如此。

欽察（Qipcaq），此部在里海、黑海之北。

斡羅斯（Oros），即後之俄羅斯（Russie），當時領地尚小。

馬札兒（Majar），即後之匈牙利（Hongrie）。

以上所列舉的部族同國民，僅就東西載籍中可以比附的列舉而已。此外《元秘史》同剌失德丁書還有許多名稱，現在尚難比附，故從略。

這些部族皆是當時成吉思汗所征服、所蹂躪的部族，他首先利用札只剌、克烈兩部的力量，將蒙古諸部統一，然後藉故征服克烈、乃蠻等部，畏吾兒、哈剌魯兩部畏威不戰而降。由是南下，一面侵入西夏，一面利用汪古部作嚮導，侵入金國。同時又因為乃蠻王子奪據西遼帝位，又進兵西方，拓地至花剌子模國境。旋因花剌子模殺其遣派的商人，並攻擊蒙古討伐蔑兒乞部的軍隊，遂進兵入花剌子模境，殘破各地，分軍踰太和嶺，蹂躪歐洲東部。有史以來侵略家斥地之廣，無逾成吉思汗者也。

第二章 成吉思汗先世之傳說

蒙古人在十三世紀以前，好像不知有文字，所以以前的事跡全憑傳說，我們只能以傳說目之，不可認其為史實。這種傳說既憑口述，種類必多，可惜我們現在所知道的只有兩說：一說是《元秘史》所傳之說，蒙古源流之傳說也可附於此類。一說是剌失德丁書之傳說，《聖武親征錄》的傳說與剌失德丁書大致相同。可惜譯人將原文的卷首刪了，僅始於也速該，使我們不能將原書所傳之成吉思汗的先世取來對照剌失德丁書。《元史》世系表的傳說同此說大同小異，也可附於這一類。我們以後省稱前說為甲說，後說為乙說。

據乙說，成吉思汗誕生之兩千年前，蒙古民族被其他民族所破滅，僅遺男女各二人，逃避一地，四面皆山，山名額兒格涅昆 (Ärgänă-qun)。這個名稱我以為應改作 (Ärgunä-qun)，因為波斯文字不著韻母，難免沒有錯誤。我想就是現在的額兒古納 (Ärguna) 河附近之一山崖，因為 qun 的本義猶言崖也。這部分的傳說，除開年代可疑外，似乎有點近類真相。《舊唐書》曾說有蒙兀室韋，《南齊書》中著錄有些鮮卑名稱，似出蒙古語，可以證明當時的蒙古居地在黑龍江上流同呼倫淖爾一帶，後來漸漸西徙；雖西徙，仍與弘吉剌、斡勒忽訥兀惕、亦乞剌思等部繼續通婚姻，而這些部落皆在也兒古納 (額兒古納) 水附近也。

乙說又云，避難的後人因地狹人眾，乃謀出山。先是其人常在其中採取鐵礦，至是乃積木以焚礦穴，鐵礦既鎔，因闢一道，遂出山外，遷居到斡難、怯綠連、禿剌等水沿岸。這種捶鐵的傳說，同樹癭生子的傳說，北方民族多有之。

遷居的後人有一人名孛兒帖赤那（Bortäčino），其意猶言蒼狼，我想這也是北方民族通行的一種物語；據甲說，孛兒帖赤那傳十一世而至朵奔蔑兒干（Dobun-Märgïn），這十一世人名稱：(一) 巴塔赤罕；(二) 塔馬察；(三) 豁里察兒蔑兒干；(四) 阿兀站孛羅溫；(五) 撒里合察兀；(六) 也客你敦；(七) 撏鎖赤；(八) 合兒出；(九) 孛兒只吉歹篾兒干；(十) 脫羅豁勒真伯顏；(十一) 朵奔篾兒干同其兄都蛙鎖豁兒。

乙說少三世，無第五世，無第九世，無第十世。名稱之不同的，則第三世人名為合卜出篾兒干，第六世作你客你敦，第八世作合里合兒出。這些傳說的異點，我以為沒有甚麼關係。比方也客你敦此言大眼，你客你敦此言一眼，因為這個一眼，所以又發生了都蛙鎖豁兒額中生獨眼，能望三程遠之傳說。

從前遊牧部落常有掠取婦女的習慣，所以這類的事實在成吉思汗先世之傳說中凡三見；《元秘史》雖說朵奔篾兒干之妻禿馬惕人阿闌豁阿是索來的，我想是搶來的，阿闌豁阿就是尼倫部的始祖。

朵奔篾兒干娶了阿闌豁阿為妻以後，生了二子，一名不古訥台（Bugunutai），一名別勒古訥台（Belgunutai）。朵奔篾兒干死後，阿闌豁阿寡居時又生三子，一名不忽合答吉，一名不合禿撒勒只，一名孛端察兒。先前的兩個兒子疑心他母親同伯岳吾氏的家人私通，阿闌豁阿乃告訴他們說，每夜有光從天窗入，變為淡黃色少年，因受孕遂生三子。這種不夫而孕、感夢生子的神話，到處皆有，亦不足為奇。後來這五個兒子成為別勒古訥惕、不古訥惕、合塔斤撒勒只兀惕、孛兒只斤五部之祖。

兄弟五人虜了一羣遊牧的人，中有一個孕婦，孛端察兒取以為妻。此婦所生前夫之子名曰札只剌歹，後為札答闌或札只剌惕部之祖。後又生一子曰巴阿里歹，為巴鄰部之祖。孛端察兒又別娶妻，生子曰把林失亦剌禿合必赤（Barim-Širatu-Qabiči）。此人在乙說中則作不花（Buqă）。合必赤的母從嫁來的婦人做了孛端察兒的妾，生一子名沼兀列歹，後為沼兀列亦惕部之祖。

合必赤子名篾年土敦（Mänän-Tudun），生子七人，《元秘史》皆著其名，說第二至第六子是那牙勤、巴魯剌思、不答安、阿答兒斤等部之祖。第七子納臣（Način），為兀魯兀惕、忙忽惕、失主兀惕、朵豁剌惕等部之祖。此說同乙說不合。

甲說的長子合赤曲魯（Qači Küluq）生子名海都（Qaidu），然此二人在乙說中則同為一人。兩說在此處大見分歧，乙說在此處多一種傳說，據說札剌亦兒部人在怯綠連河上為契丹兵所敗，有部人七十圈子（Kurä），逃到篾連土敦妻莫拏倫（Monulun）同他六子的牧地。札剌亦兒人飢困，在莫拏倫諸子練馬的地方掘草根為食。莫拏倫見毀其地，怒甚，驅車傷數人，札剌亦兒人忿怨，盡驅莫拏倫馬羣以去。莫拏倫六子不及衣甲，馳逐與戰，莫拏倫恐難勝敵，令諸子婦載甲追從之，然未及至，六子盡死。札剌亦兒人復還殺莫拏倫，僅其孫海都尚幼，乳母匿諸積薪中得免。如此看來，甲說六子之後為諸部祖一說，未足據也。

第七子納臣（Način）娶巴兒忽惕部之女而留居其地，聞其母又諸兄死，遽還，見老嫗數人與海都僅存，欲復仇，並奪還被掠之物，然苦無馬，幸有一騂馬中道逸歸，納臣得乘之往偵札剌亦兒人。路逢父子二人乘馬拳鷹行獵。二人相距微遠，納臣識鷹為兄物，趨前詒少者，詢其是否見有一赤馬引羣馬東行？少者答曰否。轉問納臣來地有否鳧雁。納臣曰有，願導之至其地。行至河隈，出不意刺殺之，繫馬與鷹，趨迎後騎，紿之如初。後騎問其子何為久卧不起？納臣以鼻衄對，乘隙又刺殺之。遠見山谷中有馬數百，童子數人守之，方擲石為戲。納臣乘高四顧，見無來人，乃盡殺童子，驅馬拳鷹而還。取海都並諸老嫗赴巴兒忽惕之地。

海都稍長，納臣率巴兒忽惕之民奉之為主，以兵攻札剌亦兒部而役屬之。海都生三子，長名伯升豁兒（Bai-Singor），次名察剌孩領昆（Čarağai Linqum），三名抄真斡兒帖該。伯升豁兒生子曰屯必乃（Tumbinai），是為成吉思汗之四世祖。察剌孩生三子，長名莎兒合禿赤那（Šorqatu Čino），即是《元秘史》之想昆必勒格(Sängün Bilgä)。想昆疑是「將軍」二字之訛譯。必勒格唐譯作毗伽,此言賢也。想昆必勒格生子名俺巴孩(Ambağai),為泰亦赤兀惕之祖。後察剌孩取嫂為妻,甲說生一子曰別速台(Bäsutai),為別速惕部之祖。乙說生二子,曰堅都赤那、曰斡羅黑真赤那,二人之後為赤那思部。抄真斡兒帖該,甲說謂生子六人,一名斡羅納兒,一名晃豁壇,一名阿魯剌惕,一名雪你惕,一名合卜禿兒合思,一名格泥格思,後成六部之祖。即以人名為部名。乙說謂抄真斡兒帖該為失主兀惕部之祖。

屯必乃,甲說生二子,一名合不勒罕,一名撏薛赤列(Sim Säčilä)。乙說中之剌失德丁書謂生九子,長子札黑速,為那牙勤、兀魯兀惕、忙忽惕三部之祖。次子把林失剌禿合必赤,此人在甲說中為孛端察兒子,乙說缺,疑誤置於此。三子合出里,為巴魯剌思部之祖。四子尋合赤溫,為阿答兒斤部之祖。五子不荅乞勒該(Buda-Kilgai),為不答阿惕部之祖。六子合不勒罕,為乞牙惕部之祖。七子兀都兒伯顏,為札只剌惕部之祖。八子孛端察兒朵豁闌,為朵豁剌惕部之祖。九子赤納台斡赤斤,為亦速惕部之祖。乙說中之《元史》,謂有六子,長子曰葛朮虎,為那牙勤部之祖。次子曰葛忽剌急哩怛,為大巴魯剌思部之祖。三子曰合產,為小巴魯剌思部之祖。四子曰哈剌喇歹,為不答阿惕部之祖。五子曰葛赤溫,即合赤溫之別譯,為阿荅兒斤部之祖。六子曰葛不律塞，即合不勒罕（Qabul-qan）。

合不勒罕是成吉思汗之三世祖。生七子：長曰斡勤巴兒合黑，次曰把兒壇把阿禿兒（Bartam Ba'atur），三曰忽禿黑禿蒙古兒（Qutuqtu Mongur），四曰合丹把阿禿兒（Qadan Ba'atur），五曰忽圖剌可汗（Qutula Qağan），六曰忽蘭把阿禿兒（Qulan Ba'atur），七曰脫端斡赤斤（Todan Otčigin）。

相傳合不勒罕入朝金主，金主驚其食量過人。一日合不勒罕酒醉，捋金主鬚，酒醒請罪。金主笑釋不問，厚贈而遣之歸。合不勒罕甫行，金主之臣言其恐為邊患，金主乃遣使要之返。合不勒罕不受命，使者執之。合不勒罕乘間脫歸，使者踵至，合不勒罕命左右殺使者。

當時，尼倫諸部以乞牙惕、泰亦赤兀惕兩部為最強，常相代為諸部長。合不勒罕死，俺巴孩可汗繼立，始與塔塔兒部結怨。合不勒罕妻弟賽因的斤（Saïn Tägin）構疾，延塔塔兒部之珊蠻（Šam-an）治之。珊蠻者，兼醫與巫之術士也，治之不效而死。賽因的斤之親族追及珊蠻殺之。塔塔兒部人怒，起兵復仇。合不勒罕諸子助母族與之戰於捕魚兒、闊連（Kölän，呼倫淖爾）兩海子之間，未有勝負。其後俺巴孩求妻（甲說嫁女）於塔塔兒部，塔塔兒部人乘機報怨，執俺巴孩送於金主。金主方挾前此合不勒罕殺使之忿，釘俺巴孩於木驢上殺之。先是乞牙惕、主兒勤部長斡勤巴兒合黑（合不勒罕子）亦為塔塔兒部執送金國，其被害與俺巴孩同。俺巴孩既死，合不勒罕第五子忽圖剌可汗繼立，與俺巴孩子合丹太師（QadanTaiši）等謀復仇，舉兵入金界，大掠而還。金遣兵討之，連年不能克，乃議和，割西平河北二十七團寨與之，歲遺牛羊米豆，時在一一四七年也。

由是忽圖剌成為蒙古之英雄。蒙古人譽其歌聲洪亮，如雷鳴山中，兩手力強，有如熊爪，能折人為兩截，易如折箭。相傳冬夜燃巨木取暖，忽圖剌裸卧火旁，火星炭屑墜其身而不覺，醒後以灼傷為蟲螫。工飲啖，日食能盡一羊，飲馬湩無算。

忽圖剌攻金還，與所部數人行獵，遇蒙古朵兒邊部之戰士，被襲擊，從者皆逃。忽圖剌馬陷於淖，泥沒馬頸，亟登鞍躍登彼岸。朵兒邊人追至對岸，見其無馬，乃曰，一蒙古人無馬者尚何能為，遂釋不追。

從者還傳其死耗，成吉思汗父也速該已持饌往奠。忽圖剌妻不信其死，曰：「其聲震天，手如三歲熊爪之戰士，必不為朵兒邊人所得，其晚歸必有故，不久必見其至。」

忽圖剌待敵退，還至淖，執馬鬣引之出，重上馬，自念曰：「我為此輩所襲擊，不能無所得而歸。」見有馬羣經過朵兒邊之地，急躍登其引馬，驅馬羣而歸。

忽圖剌兄把兒壇把阿禿兒，成吉思汗之祖也。生四子：長忙格禿乞顏（Mongätu Kiyan），次捏坤太師（Näkun Taiši），三即也速該，把阿禿兒為乞牙惕、孛兒只斤部之長，四答里台斡赤斤（Daritai Otčigin）。後忽圖剌死，尼倫諸部以也速該英勇，遂推之為諸部長。

先是兀都亦惕蔑兒乞部長脫黑脫阿（Toqto'a）之弟也客赤列都（Yäkä Čilätu）娶妻於弘吉剌之別部斡勒忽訥惕部。偕妻歸，路過斡難河畔，也速該適放鷹，見赤列都妻有姿色，即還家召其兄捏坤太師、弟答里台斡赤斤同往擄之。赤列都見三人來意不善，棄其妻而逃。也速該遂取以為妻，此即成吉思汗之母月倫額格（Ü'älun ägä）。月倫額格猶言雲母，《元秘史》作訶額侖兀真（Hö'älun-ujin），猶言雲夫人。成吉思汗諸妻之位高者，僅有兀真之號，兀真即是漢語夫人之訛譯，具見當時蒙古諸部僅知夫人為尊稱，尚不知有太后、皇后之號。《元史》所謂宣懿皇后，蓋漢人之尊稱也。

乞牙惕諸部因塔塔兒部縛送俺巴孩於金國之恨，常與之戰，相傳戰十三次未能復仇。一一五五年，也速該與塔塔兒戰，俘塔塔兒部二人，其中一人名帖木真兀格（Tämučin-Ugä）。當時月倫額格適在斡難河之迭里溫孛勒答黑（Dali'un Buldaq，猶言源頭之山）產生一子，蒙古人常以初見之人物或初聞之事為新產子名，故也速該名其子曰帖木真。後又生三子，曰拙赤合撒兒（Joči-Qasar），曰合赤溫（Qači'un），曰帖木格斡惕赤斤（Tämugä Otčigin），一女曰帖木侖（Tämulun），後嫁亦乞剌思部人不禿（Butu）。

帖木真年十三歲時，也速該挈之往舅家之斡勒忽訥惕部，欲為之乞婚。路過扯克扯兒 (Čäkčär)、赤忽兒古 (Čiqurgu) 兩山之間，遇弘吉剌部人德薛禪 (Täin Säčan)。德薛禪奇帖木真貌，以己女孛兒帖 (Bortä) 字之。也速該遂留其子於德薛禪所。獨歸，路經扯克扯兒山之失剌川 (Šira Ka'är，按客額兒元人常譯作川，專指平野而言)，遇塔塔兒部人聚食。也速該至，塔塔兒人識之，憶前此部人被俘之恨，置毒於食款之。也速該行三日至家，病甚，知中毒，乃託其妻子於晃豁壇部察剌合 (Čaraqa) 老人之子蒙力克 (Mulik)。此蒙力克即成吉思汗母月倫額格之後夫，而諸功臣中之長也。

第三章 依附王罕時代之帖木真

當時尼倫諸部以乞牙惕、泰亦赤兀惕兩部為最強，遞相為諸部長。也速該死時似在一一六七年。帖木真僅年十三歲，諸部人當然復歸泰亦赤兀惕部。時泰亦赤兀惕部中諸部長，以塔兒忽台乞隣勒禿黑（Tarğutai Kiriltuq）為最強。塔兒忽台者，俺巴孩子合丹太師子阿答勒罕（Adal-qan）之子也。是年春間，因祭祀與月倫額格有違言，泰亦赤兀惕部人遂棄月倫母子而去。也速該舊部亦棄月倫母子而從泰亦赤兀惕部。嗣後月倫掘草根野蔬以養諸子，諸子等獵漁以奉其母。帖木真除同母弟三人外，尚有異母弟二人，曰別克帖兒（Bäktär），曰別勒古台（Bälgutai）。一日帖木真因異母弟二人奪其所釣之魚及所獵之鳥，遂共合撒兒射殺別克帖兒。

久之，泰亦赤兀惕部之塔兒忽台恐所棄之帖木真兄弟等長成為患，率其部眾來蹤跡之。帖木真母子懼，別勒古台於密林中伐木作寨，將弟妹中之最小者合赤溫、帖木格、帖木侖三人藏於崖洞間，合撒兒獨執弓矢出鬥。泰亦赤兀惕人大聲語之曰，但取汝兄帖木真，他人不取。帖木真懼，策馬入山，泰亦赤兀惕人瞥見尾之。至帖兒古捏山（Tärgunä undur），帖木真竄匿密林中，追者不能入，圍守之。逾三宿，帖木真率馬欲出，馬鞍忽墜，視之，胸腹間靷扣如故。私念腹靷未脫，鞍落猶可，胸靷堅扣，鞍何由落，豈天意阻我耶！復還。又三宿將出，一白石大若行帳倒塞林口，曰：殆天意阻我！仍還。又三宿，餱糧罄竭，則復私念曰：如是餓死無名，不如徑出，乃取所佩削箭刀斫林口石邊叢薄，開徑牽馬下山，為泰亦赤兀惕邏者所執。塔兒忽台以枷置其項。聞帖木真荷枷時，有老嫗為之理髮，並以氈隔枷創處。已而帖木真得脫走，藏斡難河之一溜道中，沉身於水，但露其鼻，以通呼吸，泰亦赤兀惕人窮搜而不能得。有速勒都思部人鎖兒罕失剌（Sorqan Šira）經其所，獨見之，待追者去，救之出水，脫其枷而負之歸，藏之盛羊毛車中。泰亦赤兀惕人至鎖兒罕失剌帳，窮搜之，且以杖抵羊毛中，竟未得。搜者去後，鎖兒罕失剌以牝馬一匹並炙肉、兵器贈帖木真而遣之歸。

帖木真循其母弟之跡，至豁兒出恢山（Ğorčuqui Buldaq），始與相值。遂南踰不兒罕合勒敦（Burqan Qaldun）山至闊闊海子（Kökö na'ur），捕土撥鼠、野鼠為食。後因失馬求盜，道逢阿魯剌惕部人孛斡兒出（Bo,orču）。孛斡兒出偕之求得所失馬。已而投帖木真所相依不離。旋又有兀良合部的扎兒赤兀歹（Jarči'utai）老人送其子者勒篾（Jälmä）至，由是帖木真始有伴侶。

先是帖木真得失馬還家後，沿怯綠連河至德薛禪所，德薛禪以其女孛兒帖妻之。帖木真偕其妻還。孛兒帖奉黑貂襖一襲為見翁姑禮物。帖木真即以此襖獻克烈部長脫忽里勒（Toğril）。脫忽里勒喜，許為之完聚已散之部眾。

時有兀都亦惕蔑兒乞部長脫黑脫阿，因挾也速該奪其弟赤列都妻之舊恨，糾合兀洼思蔑兒乞部長答亦兒兀孫

(Daïr-Usun)、合阿惕蔑兒乞 (Qa'at Märkit) 部長答兒馬剌 (Tarmala)，率三百人來掩襲帖木真。帖木真全家皆逃入不兒罕山中，唯孛兒帖及別勒古台之母無馬，為蔑兒乞人所得。蔑兒乞人三繞不兒罕山，不得帖木真，脫黑脫阿遂以孛兒帖配赤列都之弟赤勒格兒 (Čilgär)，各還本部以去。帖木真伏山中不敢出，使孛斡兒出、者勒篾、別勒古台三人尾隨偵察，三宿後，審知篾兒乞人遠去，始下山來，椎胸告天曰：「我命蒙不兒罕山遮護，此後我與子孫永祀不忘。」告畢，解腰帶掛項上，脫帽掛手上，九拜，釃馬湩酹之。

當時諸部落之最強者，東有塔塔兒，世與蒙古諸部為仇。蒙古諸部中泰亦赤兀惕部較強，但有部長數人分主此部，勢漸衰，諸部之人多依札只剌部長札木合 (Jamuqa)。西方則以突厥種之克烈、乃蠻兩部為最大，克烈部與孛兒只斤部鄰，且曾得也速該之助。帖木真妻被掠，遂奔告克烈部長脫忽里勒。

先是克烈部長馬兒古思不亦魯 (Marguz Buïruq) 曾為塔塔兒部長納兀兒不亦魯 (Na'ur Buïruq) 所俘，獻之金主，釘於木驢殺之。馬兒古思妻謀復仇，偽降納兀兒，獻羊百頭、牝馬十匹，馬湩百囊，囊盛一人，各執兵器，乘宴時出，殺塔塔兒部長及列席之塔塔兒部人。馬兒古思遺二子，曰忽兒察忽思不亦魯 (Qurjaquz Buïruq)，曰古兒罕 (Gurqan)。忽兒察忽思嗣位，及其死也，遺六子，曰脫忽里勒，曰太帖木兒

(Tai Tämur)，曰不花帖木兒(Buqa Tämur)，曰額兒客合刺(Ärkä Qara)，曰必勒格(Bilgä)，曰札合敢不(Ja'agambu)。脫忽里勒殺太帖木兒、不花帖木兒二弟及姪數人，奪部長位，金主冊封之為王，復自以汗號列王號下，故名王罕(On-qan)。其叔古兒罕逃依乃蠻部主亦難赤必勒格(Inalči Bilgä)，亦難赤以兵助古兒罕，逐脫忽里勒，脫忽里勒奔投帖木真父也速該所。也速該親將兵逐古兒罕，迫之走西夏。復奪部眾歸之王罕，王罕感之，遂與也速該誓為安答(Anda)。安答，蒙古語猶言盟友也。至是帖木真來乞師，王罕許為右手軍。命帖木真約札只剌部長札木合為左手軍。時札木合牧地在斡難河畔，許助帖木真即發所部萬人，並發帖木真父舊屬諸部之來附者萬人，約會師於斡難河源。王罕自將萬人，其弟札合敢不別將萬人，進至所約之地，與札木合軍合，進至勤勒豁(Kilğo)河畔，乘夜結筏渡河，直擣不兀剌川(Bu'urakä'är)。河旁有脫黑脫阿之漁夫獵人，聞警奔告，脫黑脫阿與答亦兒兀孫挈左右數人罄身循薛靈哥河走入巴兒忽真之地。蔑兒乞部之人亦連夜沿薛靈哥河潰走，帖木真在逃民中得其妻孛兒帖，俘答兒馬剌。別勒古台之母羞見其子，走入密林不知所終。別勒古台遂盡殺前繞不兒罕山之三百人。帖木真、王罕、札木合合軍殘蔑兒乞之地，毀其廬帳，掠其婦女。自斡兒寒、薛靈哥兩水間塔兒渾阿剌勒(Tarğun Aral)之地退軍，王罕東還禿剌河之黑林(Qaratun)，帖木真與札木合自幼結為安答，至是遂偕之同還豁兒豁納黑主不兒（Ğorğonaq Jubur）之地。

以上據《元秘史》之說，然考剌失德丁書，則謂未曾用兵，王罕曾為帖木真索孛兒帖於蔑兒乞。

蔑兒乞釋之歸。帖木真遣人迎之，孛兒帖在道產一子，迎者摶面裹之，盛之袍角中，載之馬上而送之歸，遂名此子曰拙赤（Joči）。拙赤，蒙古語猶言客也。此事似在一一七七年前後，多桑（D'Ohsson）書謂拙赤歿年三十餘之說顯誤，緣窩闊台（Ogotai）汗死於一二四一年，得年五十六歲，則應生於一一八六年。若謂死於一二二五年之拙赤僅年三十餘，則兄年少於弟矣。似以《元史譯文證補》拙赤年四十八、九之說為長。故位此役在一一七七年前後，時帖木真年約二十三歲也。

《元秘史》謂帖木真與札木合共處一年有半，因札木合喜新厭舊，遂乘夜離去。次日黎明，諸部之人相約來歸云云。我以為《秘史》此處必有所諱。蓋帖木真一生始終用權謀，決不因此微故棄札木合去。其與札木合共處年餘，必有所圖。疑其曾利用此時間誘聚諸部之人從己，及事已成熟，遂出走。諸部人先既有約，故隨其後行。《秘史》不明言者，特示天與人歸之意而已。

諸部之人先後來從者，有帖木真伯父蒙格禿乞顏，之子翁古兒（Ongur），率敞失兀惕（此部未詳，在《元秘史》卷九又作敝失兀惕）、伯岳吾惕兩部之人至。伯父捏坤太師之子忽察兒別乞（Qučar Bäki），叔父答里台斡赤斤、斡勤巴兒合黑子莎兒合禿主兒乞（Šorqatu Jurki）之二子撒察別乞（Sača Bäki），泰出（Taiču）率主兒勤部，忽禿剌可汗子阿勒壇（Altan）率所部，俱至，此皆帖木真同族之人也。其餘雜有札剌亦兒、巴魯剌思、忙忽、阿魯剌思、兀良合、別速惕、速勒都思，晃豁壇、斡勒忽訥兀惕、火魯剌思、朵兒邊、亦乞剌思、那牙勤、巴鄰、格泥格思、札只剌、撒合亦惕諸部之人。其中最著名者有巴魯剌思部之忽必來（Qubilai）、兀良合部之速不台（Subutai, Subä,ätai），帖木真妹婿亦乞列思部之不禿、巴鄰部之豁兒赤兀孫（Ğorči-Usun）等；帖木真合諸部族進至闊闊海子，時豁兒赤兀孫偽託神言，謂札木合當敗，帖木真當興，於是阿勒壇、忽察兒、撒察別乞共議推帖木真為汗。帖木真次第讓三人及叔父答里台，四人皆辭，帖木真乃受汗號，其事似在一一八九年也。（年代據《蒙古源流》）帖木真遣人告即位於克烈部長脫忽里勒、札只剌部長札木合。脫忽里勒謂蒙古立汗之舉誠是。札木合則以部眾離去，頗怨阿勒壇、忽察兒二人從中離間，曾語使者曰：「願帖木真安答好自為之！」

後有札木合弟塔合察兒（Taqačar）牧地在斡列該泉（Olgaibulaq）者，進掠撒里川（Sa'arikä'är）帖木真伴當札剌亦兒人拙赤答兒馬剌（Joči Tarmala）之馬羣，答兒馬剌匿馬羣中，射殺塔合察兒，札木合以是為隙，遂糾合泰亦赤兀、亦乞剌思、兀魯兀、那牙勤、巴魯剌思、巴鄰、火魯剌思等部之眾三萬人，進擊帖木真。不秃之父聞其事，急遣人告變。帖木真時在古連勒古（Gulälgu）之地，聞警亦發諸部之眾十三翼共三萬人，迎札木合軍，戰於答闌巴勒主惕（Dalan Baljut），帖木真兵敗，退守斡難河畔險隘之地，札木合乃回軍，道經赤那思部地，執其部長等之附帖木真者分七十鑊烹之。

已而有兀魯兀部之主兒扯歹（Jurčätai），忙忽部之忽亦勒答兒（Ğuïldar），各率其族棄札木合而投帖木真。晃豁壇部之蒙力克亦攜其七子至，帖木真敗後部眾復增，甚喜，乃於斡難河畔設宴以享部眾，在宴中與主兒勤部失和。

一一九四年，塔塔兒部之一部長蔑古真薛兀勒圖（Mägučin Sä'ultu）叛金，金主命右丞相完顏襄北伐，並命諸部發兵隨軍討叛，帖木真聞之甚喜，以父祖之仇可以乘機報復，遣使約克烈部長脫忽里勒及主兒勤部長撒察別乞泰出各以兵來會。脫忽里勒親率兵至，主兒勤部因有前隙不至。會塔塔兒部為金兵敗於怯綠連河，潰眾北退浯泐札（Ulja）河，帖木真與脫忽里勒夾擊之，殺蔑古真，獲其輜重牲畜。塔塔兒部在諸部中為最富，帖木真獲大珠衾銀繃車各一。蒙古諸部最貧，從未獲見此物，獲之以後，頗炫其事。完顏襄賞帖木真功，授以札兀惕忽里（Ja'ut Quri）之號，並承制以王號授脫忽里勒。

帖木真起兵擊塔塔兒時，留部眾老小於哈灃㴸禿（Qariltu）海子，主兒勤部進襲之，殺十人，剝五十人衣。帖木真怒，率軍往討，敗之於怯綠連河畔，盡虜其眾，撒察別乞、泰出二人罄身逃走。在主兒勤營得一兒名孛羅兀勒（Boro'ul），許兀慎部人也，付其母月倫額格養之。前後計在敵營得養子四人，一為在蔑兒乞營所得蔑兒乞部之曲出（Güču），一為在泰亦赤兀營中所得之別速惕人闊闊出（Kököču），一為塔塔兒營中所得之塔塔兒人失吉忽禿忽（Šigi Qutuqu），並孛羅兀勒為四，時札剌亦兒部人木華黎（Muqali）等投帖木真所。

先是王罕弟額兒客合剌以王罕多殺昆弟，亡入乃蠻，乃蠻部長玆乘王罕率師在外，發兵盡奪克烈部眾以付額兒客合剌，王罕失眾奔西遼，其弟札合敢不奔投帖木真，克烈部之禿別干、董合惕兩部潰眾亦隨之投帖木真所。

王罕求援西遼不能得其助，遂東歸，在道資糧罄絕，僅餘山羊數頭，取其乳為食。一一九六年春，行至古泄兀兒（Gušä'ur）海子，使人告難於帖木真。帖木真自怯綠連河上流親迎撫勞，徵牲畜於部眾以賑給之。王罕遂復有克烈部眾。是秋，二人會於禿剌河上之黑林，重申父子之盟。一一九七年春二人合討主兒勤部之撒察別乞、泰出二人，擒斬之。

一一九七年秋，王罕與帖木真共擊兀都亦惕蔑兒乞部，敗之於薛靈哥河附近木魯徹（Mulučä）之地，帖木真盡以其所獲饋王罕。一一九八年，王罕部眾稍集，遂不約帖木真，自擊蔑兒乞部，敗之於不兀剌川，殺脫黑脫阿之子脫古思別乞（Toguz Bäki），擄其二女，並招其二子忽禿（Qutu）、赤剌溫（Čila'un）率其部眾來降。王罕大獲而歸，不以所得饋帖木真，脫黑脫阿遁走巴兒忽真之隘。

一一九九年，王罕、帖木真共擊乃蠻。先是乃蠻部長亦難赤必勒格死，二子台不花（Tai Buqa）、不亦魯（Buïruq）爭父妾，因結怨。不亦魯率所部退居阿勒台山南乞濕泐巴失（Kizilbaši）海子附近之山地，台不花則保父牧地而有其平原。金主冊封台不花為王，故亦號大王。蒙古語訛大王為大陽，故在史書中名台不花曰大陽汗。兄弟二人既交惡，帖木真與王罕乃乘機襲擊不亦魯，踰阿勒台山循兀瀧古（Urungu）河，敗之於乞濕泐巴失海子，奪其人畜甚眾，不亦魯遁走謙謙州之地。是冬，王罕、帖木真師還，乃蠻有驍將撒卜剌黑（Sabraq）而別號可克薛兀（Köksä'u）者，屯軍於巴亦荅剌黑別勒赤兒（Baïdaraq Bälčir），欲邀擊之。日暮兩軍對宿，時札只剌部長札木合譖帖木真於王罕曰：帖木真安答曾遣使於乃蠻，有降乃蠻意。王罕為所動，乃多燃火於陣地，潛移師去。帖木真見王罕棄己而去，亦退還撒里川。撒卜剌黑追王罕至額垤兒阿勒台（Ädär-Altai），遇王罕弟必勒格、札合敢不二人，奪其眷屬、牲畜，進兵掠克烈部邊地之人畜。時脫黑脫阿二子之降王罕者，乘機率所部走薛靈哥河與其父合。必勒格、札合敢不二人為乃蠻所襲，僅以身免，奔告王罕。王罕命其子亦勒合鮮昆（Ilqa Sängum）往禦，且遣使乞師於帖木真，帖木真亟遣四傑率師往援。四傑者，孛斡兒出、木華黎、孛羅忽勒及鎖兒罕失剌子赤剌溫（Čila'un）也，援師未至，鮮昆已敗，幾被擒，孛斡兒出等至，擊退乃蠻，以所奪還之人畜盡歸王罕，王罕德之，以衣一襲、金盞十，賜孛斡兒出。

已而脫黑脫阿遣其二弟求援泰亦赤兀部，泰亦赤兀諸部長汪忽哈忽出（Onğu Hağuču）、忽里勒（Quril）、忽都荅兒（Qududar）、塔兒忽台乞里勒禿黑等，會兵於斡難河畔之沙漠中。一二零零年春，王罕與帖木真會師於撒里川，共擊泰亦赤兀部，敗之，追擒忽都荅兒、塔兒忽台於月良兀惕禿剌思（Ölängut Turas），殺之。殺塔兒忽台者，鎖兒罕失剌子赤剌溫也。汪忽哈忽出偕脫黑脫阿之二弟遁走巴兒忽真隘，忽里勒奔乃蠻。

先是數年前，帖木真曾遣使至合塔斤、撒勒只兀二部約與聯合，二部之人俱不從，詈辱使者，反與泰亦赤兀部相結，久與帖木真戰。至是二部皆不自安，乃約朵兒邊、弘吉剌、塔塔兒等部部長會盟。諸部長共舉刀斫一馬、一牛、一羊、一犬、一山羊，為誓曰：「天地聽之！茲以諸牲之血為誓，其背盟者，有如諸牲！」遂相約合擊帖木真。弘吉剌入德薛禪，帖木真之妻父也，遣人告變於帖木真；帖木真自斡難河附近之忽兒屯（Qurtun）海子迎戰於捕魚兒海子，擊潰諸部之眾。

是年，王罕駐冬於忽巴合牙（Qubaqaya）之地，其弟克烈台（Keräïtai）而以唐兀稱號札合敢不著名者，密與克烈部四將謀圖其兄，事泄，王罕釋不問。然札合敢不不自安，遂奔乃蠻，投大陽罕。

一二零一年春，蔑兒乞部長阿刺兀都兒（Alaq Udur）、泰亦赤兀部長合兒罕太師（Qarqan Taiši），塔塔兒部長察兀忽兒（Ca'uqur）等，合兵共擊帖木真，帖木真迎擊敗之，盡掠其物而還。

是年，弘吉剌、亦乞剌思、火魯剌思、朵兒邊、塔塔兒、合塔斤、撒勒只兀諸部會於刊（Kan）河，共立札木合為古兒汗（Gurqan）。古兒汗，猶言普汗也。已而會盟於兀勒灰（Ulğuï Bulaq），為誓曰：「凡我同盟有泄此謀者，如岸之摧，如林之伐！」言畢同舉足踢岸，揮刀斫林，馳眾驅馬，進擊帖木真、王罕。有火魯剌思人名豁里歹（Ğoridai）者，奔告帖木真，帖木真與王罕迎戰，敗之。札木合遁走，弘吉剌部降帖木真，已而復叛去。

一二零二年春，帖木真自兀勒灰河進擊塔塔兒部。塔塔兒時分六部，以都塔兀惕部為最強。帖木真未戰之先，令於軍曰：「苟破敵逐北，見物勿取，須戰畢共分之。若我軍退至原佈陣地，必翻回力戰，否則斬！」遂戰於答闌捏木兒格思（Dalan Nämurgäs），敗阿勒赤塔塔兒、察罕塔塔兒兩部之眾。

帖木真叔答里台，從叔阿勒壇，從弟忽察兒，違令掠物，帖木真命盡奪其所獲，散之軍中，三人遂怨，後投王罕所，嗾使王罕與帖木真失和。

蔑兒乞部長脫黑脫阿自巴兒忽真還，進擊帖木真，不勝，乞援於乃蠻部長弟不亦魯。不亦魯糾合泰亦赤兀、朵兒邊、塔塔兒、合塔斤、撒勒只兀、斡亦剌諸部之眾，一二零二年秋，連兵進擊王罕、帖木真。王罕、帖木真自兀勒灰河退走合剌溫赤敦（Qara'un Čitun）山中，諸部兵躡跡入山，會大雪嚴寒，士卒四肢多僵凍，入夜人馬紛墜懸崖下。及出險，至闊亦田（Köïtän）之地，不復成列，乃各還本部。札木合率師來應，見事敗，歎曰：「天不佑我！」亦沿額兒古納河而退，沿途掠諸部之立己為汗者。於是王罕追札木合，札木合旋降王罕。帖木真追泰亦赤兀部長汪忽哈忽出，汪忽哈忽出還起部眾，渡斡難河整軍以待；帖木真與戰，頸被傷流血。日暮列陣對宿，泰亦赤兀部宵潰，帖木真遂盡殺汪忽哈忽出等之子孫。先是別速部人者別（Jäbä）為泰亦赤兀部將，在闊亦田隨眾潰走，逃匿不出。帖木真一日出獵，偶見其在圍中，欲進擒之。其將孛斡兒出請與之鬥，帖木真以白口之馬假之，孛斡兒出射者別不中。者別射較精，回射中馬項骨折而斃，遂得脫走。至是困甚，遂降帖木真，帖木真知其勇，命為十夫長，後以功歷擢為萬夫長。

既而帖木真與王罕共會於阿剌勒（Aral）河畔，同踰金邊牆，駐冬於合剌溫赤敦山附近之阿勒赤阿晃火兒（Alči'a Qonğor）之地，此地昔為弘吉剌部駐冬之所，後日忽必烈（Qubilai）、阿里不哥（Ariq Bögä）兄弟二人會戰之昔木勒台（Simultai）即在附近。帖木真為其長子拙赤求婚王罕之女察兀兒別乞（Ča'ur Bäki），並請以己女豁真別乞（Ğočin Bäki）字鮮昆之子禿撒合（Tusaqa），然俱不諧。至是帖木真與王罕合作之事遂終，而帖木真獨立之事業開始矣。

第四章 平克烈乃蠻諸部

帖木真敗乃蠻後，欲進擊札木合。已而見王罕受札木合降，頗不悅。一日語王罕曰：「我之附君，猶沙漠中之白翎雀，冬夏皆居北地。至汝其他諸臣，則如鴻雁，冬近向南飛矣。」（一說此語屬札木合）王罕因疑札木合，而札木合亦乘雙方婚事之不諧，譖帖木真於鮮昆，謂其密與乃蠻通謀，二人遂相約圖之，並引來投王罕之帖木真叔父答里台、從叔阿勒壇、從弟忽察兒三人，及蒙古部長二人同謀。鮮昆以告王罕，王罕不從，鮮昆仍欲圖之。一二零三年春，偽若許以己妹字拙赤，遣人往延帖木真來赴許婚宴，欲乘機擒之。帖木真信為實，偕十人往，路經晃豁壇人蒙力克額赤格帳，額赤格（äčigä），蒙古語猶言父，緣帖木真母月倫額格曾改嫁蒙力克，故帖木真稱之為父也。蒙力克洞悉其詐，勸其勿赴，帖木真因推春間馬瘦，遂折還。

鮮昆見帖木真不至，謀進襲之。有蒙古客里古惕（Käligut）部二人，曰乞失里黑（Qišliq），曰巴歹（Badai），牧馬於阿勒壇弟也客扯連（Yäkäčärän）所，聞其謀，即夜馳赴帖木真所告變，帖木真亟棄其輜重，避於卯溫都兒（Mau Undur）山陰。明日午後，憩於合剌合勒只惕沙陀（Qalaqaljit ält），遣人赴卯溫都兒詗來兵。近山有紅柳林，帖木真姪阿勒赤歹（Alčitai）有牧人二，適在彼處牧馬，見克烈軍至，急還報，帖木真亟上馬備戰。日甫出，兩軍已相見，帖木真士卒少，與諸將議退敵策，忙忽部人忽亦勒荅兒率其部眾奮勇先進，植其纛於敵後高崗上。主兒扯歹率兀魯兀部繼進，帖木真率餘軍進援。克烈部之只兒斤部，在克烈諸部中為最勇，先退，董合亦惕部亦卻。蒙古軍進逼王罕獲衞，主兒扯歹射鮮昆中其腮。惟蒙古軍終以眾寡不敵，忽亦勒荅兒受傷墜馬，帖木真亟引軍沿兀勒灰河上行，退入荅闌捏木兒格思之地。王罕亦退。既而帖木真潰卒稍集，得四千六百人，循合勒合（Qalqa）河行，獵以求食。忽亦勒荅兒創重死，在合勒合河入捕魚兒海子處，招降弘吉剌之一部。已而進營於統格（Tongä）水畔，遣使赴王罕所而責之曰：

「汗父！昔不亦魯汗死後，汝據大位，殺兄弟二人，汝叔古兒汗逼汝走合剌溫隘（Qara'un Qabčal），汝在其地被圍，非我父汝安能脫？我父以援兵授汝，汝藉此兵擊走古兒汗，迫之僅餘二、三十人，逃往河西之地，不復歸。由是汝與我父結為安答，而我尊汝為汗父，是我有造於汝者一也！」

「汝為乃蠻所攻，汝弟札合敢不在女真境，我亟遣人召還。在中道又為蔑兒乞部人所逼，我曾因此殺兄誅弟，此我有造於汝者二也！」

「汝困迫來歸時，衣弊見體，如日之穿雲，飢疲行遲，如火之將息，我即起兵進擊營於木魯徹之諸部，奪其羊馬輜重，悉以付汝。汝前瘦弱，半月之間使汝豐肥，此我有造於汝者三也！」

「蔑兒乞部營於不兀剌州之時，我曾遣使至脫黑脫阿所，名曰使者，實為間諜。汝乘機進擊此部，不先告我，奪脫黑脫阿與其弟之妻，擄其弟與子，掠忽都亦惕蔑兒乞部，而不以一物饋我。已而可克薛兀、撒卜剌黑率乃蠻部眾掠汝之民，我遣四傑率兵戰敗之，盡歸所掠於汝，是我有造於汝者四也！」

「我如山鷹，飛逾捕魚兒海子，為汝捕青足灰羽之鶴，此為誰？朵兒邊、塔塔兒兩部是也。旋又逾闊連海子，為汝捕青足之鶴，此為誰？合塔斤、撒勒只兀、弘吉剌三部是也。是我有造於汝者五也！」

「汗父！汝應憶及勺兒合勒崑（Jorqal-qun）山側合剌（Qara）河畔我二人互約之語，如有毒蛇處我二人之間，使我二人語言奮激，勿中其計，絕交以前，必須當面剖訴。然汝不先察人言，而欲絕我，遽以我為汝降服之諸部而攻我，不求寧息，使汝諸子安卧。我為汝子，從未言所得過少，意欲加多，亦未言所得過劣，意欲更善。譬如一車雙輪，偶碎其一，強使駕車之牛努力引車，必致傷頸。解其羈勒，車既不行，盜必取之。不解羈勒，則牛將餓斃。我非汝車之一輪乎？」（此據剌失德丁書，故與前述之事微有出入。）

帖木真並命使者傳語於其從父阿勒壇及從弟忽察兒曰：「汝等今欲殺我，然我先曾語把兒壇把阿禿兒諸子及撒察泰出等曰，詎可使斡難河之地無主，屢讓為君，而不聽也。我曾語汝忽察兒曰，汝為捏坤太師子，當立汝，汝又不聽。復語汝阿勒壇曰，汝為忽圖剌汗子，位當屬汝，汝亦不欲。我之立，實受一致之推戴；而我不辭者，特欲保存父祖之遺業風習，俾三河之源祖宗所居之地，勿令外人居之。我既為多民之長，應使屬我者必有所得，所以奪取畜帳婦孺以饋汝等，為汝等圍驅野獸於山野中。汝等今事王罕，應知王罕性無常，遇我尚如此，況汝輩乎！」

帖木真前在戰中失其銀鞍騂色馬，命使者索還。請王罕、鮮昆、札木合、忽察兒、阿勒壇及其他諸部長等各遣使一人來議和解事，約會於捕魚兒湖附近。

王罕聞使者語，責其子不從其向者之言。鮮昆曰：「事勢至今日，必不可已，唯有竭力戰鬥。我勝則併彼，彼勝則併我。」遂代諸人答帖木真使者，謂不遣人去，將以戰決之。

先是帖木真於合剌合勒只惕戰敗後，退至巴泐渚納（Baljuna）水畔。水幾盡涸，僅餘泥汁可飲。帖木真見從者在患難中尚相從不去，乃合手望天而誓眾曰：「自是以後，願同諸人共甘苦，如背此盟，則如此水！」當時共飲此水者，後皆有飲水巴泐渚納功臣之號。至是遣使王罕後，復進兵至巴泐渚納水畔。

王罕於合剌合勒只惕戰後，營於合亦惕豁勒合惕沙陀（Qaït-Ğolğat-Ält），答里台、阿勒壇、忽察兒、札木合及塔塔兒部長忽禿帖木兒（Qutu Tämur）相與謀害王罕。王罕聞其謀，迎討之，奪其輜重。於是答里台與克烈部之一部及蒙古、尼倫之一部歸帖木真。阿勒壇、忽察兒、忽禿帖木兒等奔乃蠻。

一二零三年，帖木真駐夏於巴泐渚納。是秋，集兵於斡難河附近，謀擊王罕。其弟拙赤合撒兒自合剌合勒只惕戰後，盡喪所有，並及妻子，獵以求食。至是至巴泐渚納與帖木真會。帖木真欲以計襲王罕，命拙赤合撒兒之僕二人往王罕所，假為拙赤合撒兒之語曰：「我兄今既不知所在，我之妻子又在汗所，我孤身野宿已久，庇以樹枝，枕以土塊，今欲與妻子相聚，不知汗意如何？儻棄我前愆，念我舊好，即束手來歸矣。」

王罕信之，因遣隨侍之亦禿兒堅部人一人往，以牛角盛血與之盟。二使偕克烈使者還，遙見帖木真纛，恐克烈使者逃回告變，遂下騎，偽言馬蹄有石，請克烈使者亦下騎執馬蹄，俾能取石出。會帖木真至，執克烈使者，命二使為鄉導，率軍夜行至者者額兒溫都兒（Jäjä'är undur）山，出不意襲破王罕軍。王罕父子脫走，行至涅坤兀速（Näkun usu），王罕獨入飲水，為乃蠻戍將豁里速別赤（Ğorisubäči）所執殺，以首獻乃蠻汗。乃蠻汗見此老汗被害，既怒且惜，乃以銀嵌其首而保存之。札合敢不降帖木真，獻其二女。長女亦巴合（Ibaqa），帖木真自納之，後賜主兒扯歹。次女莎兒合黑塔泥（Sorğaqtani），以賜拖雷，後生蒙哥（Monka）、忽必烈、旭烈兀諸子。

鮮昆知父被害，遂走西夏，至波黎吐番（Buri-Tubät），日剽掠以自資。既而亦為西夏所攻，走西域曲先（Küsän）之地，為合剌赤（Qalač）部主黑鄰赤合剌（Qylinč-Qara）所殺，並及其妻子。克烈部亡。

帖木真併克烈部後，遂與乃蠻境地相接。大陽汗忌帖木真勢日盛，遣使月忽難（Yohunan）至汪古部，約汪古部長阿剌忽失的吉忽里（Alaquš-tägin-quri），共擊此林木中之汗。緣蒙古人居地多林木，故以此名輕之也。阿剌忽失不從，以其謀告帖木真；帖木真遂約與親好，共圖乃蠻。

一二零四年春，帖木真議伐乃蠻，眾謂方春馬瘦，俟秋高馬肥然後進兵。然帖木真弟帖木格斡赤斤、別勒古台二人曰：「乃蠻自矜欲奪我之弓矢，何可以馬瘦為辭，亟應進兵，先伐制之。乃蠻雖地大畜眾，然不足畏，乘此攻之，俾後人云我輩已擒大陽汗也。」帖木真是其言，遂進兵。未至乃蠻境，頓兵駐夏。及秋，復進兵。大陽汗至自阿勒台山，營於杭海（Qanğai）山下，與蔑兒乞部長脫黑脫阿、克烈別部部長阿鄰太師（Alin Taiši）、斡亦剌部長忽都合別乞（Qutuqa Bäki），札只剌部長札木合，暨塔塔兒、合塔斤、撒勒只兀諸部合兵，兩軍相距不遠。時帖木真營有馬驚走敵軍中，乃蠻見馬瘦，以為蒙古騎弱，大陽汗與眾謀，欲誘敵深入，待其更疲，然後擊之。乃蠻將豁里速別赤怒曰：「汗父亦難赤汗勇戰不回，其背及馬後，從未使敵見之。」大陽汗為所激，乃棄其誘兵之策。

兩軍既見，帖木真命弟拙赤合撒兒主中軍，而自列陣備戰。札木合見蒙古軍容嚴整，謂其左右曰：「乃蠻視此軍若羣羊，以為能滅之，不使留蹄皮，今我觀其氣勢，殆非往時矣。」遂引所部兵遁去。是日蒙古與乃蠻戰於一狹谷中，勝負久未決，至晡，乃蠻始敗走，乃蠻王負傷，退至一山，昏絕，諸將呼之不醒。豁里速別赤且言其寵妻古兒別速（Gurbäsu）（《元秘史》謂其人為大陽汗母）在其帳中盛裝以待，大陽汗流血過多，臥地，仍不醒。豁里速別赤乃謂諸將曰：「與其見之死，勿寧回戰，使汗先見吾屬死。」遂同下山與蒙古軍苦戰，帖木真見其勇不畏死，欲免之。諸將拒不降，皆歿於陣。獲古兒別速，帖木真納之。乃蠻軍潰走納忽（Naqu）山諸險地，夜中墜崖，死者不可勝計。

蒙古軍擒大陽汗傅塔塔統阿（Tatatonga），畏吾兒人也。帖木真問其懷大陽汗印欲何之？對曰：「臣職也，將以死守，欲求故主授之耳。」帖木真嘉其忠，問是印何用？對曰：「出納錢穀，委任人材，一切事皆用之，以為信驗耳。」帖木真善之，命居左右。詢知其深通本國文字，遂命教諸子弟以畏吾兒字書蒙古語。似自是以後蒙古始用文字印章。失吉忽禿忽後為大斷事官，掌管戶口青冊。其所用文字，疑為塔塔統阿所授也。

是役也，為蒙古諸部久憶不忘之一戰。拙赤合撒兒將中軍，功最大，帖木真賞其勛，位之於其他諸親王上，戰後，塔塔兒、朵兒邊、合塔斤、撒勒只兀諸部皆降，惟蔑兒乞部不降逃走。大陽汗子屈出律（Küčluk）及兀都亦惕蔑兒乞部長脫黑脫阿逃依不亦魯汗。

蒙古軍追逐蔑兒乞部至塔兒（Tar）河，兀洼思蔑兒乞部長答亦兒兀孫（Daïr-Usun）不戰率所部降，獻女忽蘭（Qulan）於帖木真。帖木真分其部眾，以百人為隊，共置一將以統之，命守輜重。軍行後，兀洼思部人復叛走。

蒙古軍進擊兀都亦惕蔑兒乞部餘眾於台合勒（Taiqal）寨，降之。已而蔑兒乞諸別部皆降。帖木真以所獲脫黑脫阿子忽禿之妻朵列格捏（Torägänä）賜窩闊台。後生貴由（Guyuk）汗。

札只剌部長札木合失其部眾，逃儻魯（Tanlu）山中，其左右執以獻帖木真。帖木真誅執獻之人，罪其賣主也。已而札木合死。關於其死之傳說不一。《元秘史》謂帖木真從其請，以不出血之死法斃之。剌失德丁書則謂以札木合及其親屬付其姪阿勒赤台殺之，聞曾斷其肢體。札木合死時曾曰：「斬之誠當！我得敵待之亦如是也！」語畢自呈其肢體於行刑之人，促速斷之。

漠北諸部至是或降或滅，僅餘若干塔塔兒部落未平。帖木真遣軍討之，以此部為世仇，命盡殲滅，勿遺一人。帖木真有二妃，曰也速干（Yisugan），曰也速侖（Yisulun），姊妹皆塔塔兒部人。諸將之妻亦有數人屬塔塔兒部，故塔塔兒部之童稚獲免者不少。拙赤合撒兒妻亦塔塔也部人也，密救應屠之塔塔兒部千人，獲免者五百。

當時帖木真所混一者，皆遊牧部落，所獲者人畜牧地而已。此後遂侵入城郭之國，首經其兵侵者為西夏。一二零五年，帖木真藉詞西夏納克烈部長子鮮昆，興師致討，大獲而還，得駱駝甚眾。

第五章 降西北諸部及取西遼

帖木真既混一漠北諸部，重興前此突厥、回紇之大國，自應有其適應此大國君主之尊號。一二零六年，集羣臣於斡難河源開大會（Quriltai）。晃豁壇部人蒙力克之子闊闊出（Kökӧču）為珊蠻，託神言日：昔者具有古兒汗尊號之數主皆已敗亡，其稱不祥。玆奉天命，詔帖木真為成吉思汗。羣臣遂上帖木真尊號為「成吉思汗」。成吉思之義，或謂剛強，或謂為田吉思（tengiz，dengiz）之轉，猶言海洋。與蒙古語之答來（dalai）為義同也。

闊闊出別號帖卜騰格里（Täp-Tängri），猶言天像。紿蒙古人，謂常乘馬至天上，蒙古諸部頗尊崇之，其勢與帖木真埒。致撻拙赤合撒兒，而強帖木格斡赤斤跪而自承己過。對帖木真放言無忌。帖木真初假其力，至是頗惡之。命其弟拙赤合撒兒俟其入帳發言無狀時殺之。已而闊闊出入謁帖木真，妄言猶昔，拙赤合撒兒遂蹴之出斃之。一說帖木格、斡赤斤伏力士三人於帳外，執之出，力士等斷其脊斃之。闊闊出父蒙力克，因為帖木真母月倫額格之後夫，釋不問。蒙力克共有子七人，三子皆為千戶，以脫欒（Tolun）最知名。

成吉思汗即位後，大封功臣，授千戶之號者九十五人。功最大者，孛斡兒出、木華黎、孛羅忽勒、赤剌溫四人，號「四傑」。忽必來、者勒蔑、者別、速不台四人，號「四狗」。與主兒扯歹及前死之忽亦勒答兒等十功臣，所封戶口號日十投下。以孛斡兒出為右手萬戶，木華黎為左手萬戶，納牙阿

(Naya'a) 為中軍萬戶，失吉忽禿忽為大斷事官。

大會之後，成吉思汗發兵征乃蠻餘眾。時不亦魯已襲汗號，避居巴勒哈失 (Balqaš) 海子附近。一日，獵於小金山西支兀魯塔黑 (Uluğ-tağ，此言大山) 附近之莎豁黑 (Soğoq) 水上，蒙古兵至，出其不意，襲擒殺之，盡獲其眷屬牲畜，其姪屈出律，大陽汗子也。與蔑兒乞部長脫黑脫阿遁走額兒的失 (Ärtiš, Irtiš) 河上。

一二零七年，成吉思汗再征西夏，克其兀剌孩 (Urağai) 城而還。

同年遣使者二人往諭乞兒吉思、謙謙州兩部之主來降。時兩部各有部長，並號亦納勒 (Inal)。剌失德丁著其一部長名，曰斡羅思亦納勒 (Oros-Inal)，《元秘史》曰也迪亦納勒 (Yäti-Inal)，曰阿勒迪額兒斡列別克的斤 (Alti'är Orä-Bäk-tägin)，並遣使獻白海青於成吉思汗。

一二零八年秋，再征屈出律及脫黑脫阿。時斡亦剌部長忽禿合別乞遇蒙古軍，不戰而降，因用為嚮導。至額兒的失河及蔑兒乞部，蒙古軍與戰，敗之，脫黑脫阿中流矢死。其弟與其諸子逃畏吾兒國，屈出律奔西遼。

一二零九年，成吉思汗三征西夏，薄其都城中興府 (即額里合牙 Ariqaya)，引河水灌之。堤決水外潰，遂撤圍去。遣人入中興招諭夏主，夏主納女請和。

畏吾兒主號亦都護 (Idig-qut)，先是臣附西遼，西遼置一長官以監其國。成吉思汗平定漠北諸部時，畏吾兒亦都護名巴而朮阿而忒的斤（Barčuq-Art-tägin），以西遼所置長官名少監（Sok-äm）者暴斂，不能堪。一二零九年，遂殺少監於合剌火州。火州者，高昌之轉音也。一二一零年夏，成吉思汗聞其事，遣阿勒卜兀秃黑（Alb-Utuq）、答兒伯（Darbai）二人使其國。亦都護厚禮使者，命近臣二人偕使者入朝成吉思汗，致其誠款曰：「比聞威望，將遣使通誠。不意使者降臨，喜出望外；譬如雲開日現，重睹新光；冰泮得見清水；失望之餘，繼以歡欣。自今日後，當盡率部眾，願為子為僕。」

先是脫黑脫阿之弟與四子敗後投畏吾兒，畏吾兒不納。一二一一年春，成吉思汗三征唐兀還其斡耳朵（ordo）時，畏吾兒亦都護亦奉珍寶來覲。同年，哈剌魯部長阿兒思蘭（Arslan）、阿力麻里的斤斡匝兒（Ozar）並來朝。先是此二部並為西遼藩臣，至是皆降成吉思汗，成吉思汗以其女阿勒阿勒屯別吉（Al-Altun Bägi）字畏吾兒亦都護，以宗女字阿兒思蘭。已而斡匝兒還國，在獵中為屈出律所執殺。成吉思汗命斡匝兒子昔格納黑的斤（Signaq tägin）襲父位，以長子拙赤之女字之。

自一二一一年至一二一七年間，成吉思汗適在侵略金國（見第六章），無暇顧及西北諸部。一二一七年，始命速不台往征蔑兒乞餘部之在西域者。蔑兒乞部長脫黑脫阿之四子既為畏吾兒亦都護所拒，復西奔，至是速不台追及之於康里之地，盡滅蔑兒乞部，殺脫黑脫阿之二子，虜其第三子忽勒禿罕（Qultuğan），僅其長子忽禿得脫走，奔投欽察，速不台執忽勒禿罕以獻成吉思汗長子拙赤。忽勒禿罕善射，號蔑兒干（Märgan）。拙赤欲見其能，命之射，忽勒禿罕發矢中的，繼發第二矢中前矢，拙赤驚其能，遣使求其父，請免其死。成吉思汗以敵種不可留，遂殺之。

禿馬惕部地與乞兒吉思相接，先降復叛。一二一七年，成吉思汗命孛羅忽勒往討之。孛羅忽勒前行迷道，為禿馬惕部人所殺。成吉思汗復命朵兒伯朵黑申（Dorbädoqsin）往討平之。

蒙古軍之討禿馬惕也，徵兵於其鄰乞兒吉思部，乞兒吉思部不從，亦叛去。一二一八年，成吉思汗命長子拙赤往討，拙赤涉謙河冰，討平乞兒吉思部，因克乞兒速惕、合卜合納思（Qabqanas）、帖良兀惕、查失的迷及槐因亦兒堅等部。

同年，成吉思汗四征西夏，進圍中興府，夏主奔西涼。蒙古語名西涼曰額里折兀（Äričä'u）。

至是，成吉思汗遂欲進取西遼，時乃蠻汗子屈出律已據西遼帝位有七年矣。

先是一一二二年時，遼之宗室耶律大石者，率騎二百西奔，經白達達部（汪古）而至別失八里，會十八部王眾，諭以國為金破，今仗義而西，欲借力諸藩，遂得精兵萬餘。十八部名之可考者，有王紀剌（弘吉剌）、茶赤剌（札只剌）、密兒紀（蔑兒乞）。此外《遼史》本紀中部名與梅里急（蔑兒乞）並列者，尚有粘八葛。此名在《金史》中作粘拔恩。疑皆屬契丹語乃蠻之稱。具見當時隨耶律大石西去者，頗有不少蒙古、突厥部落。一一二三年，耶律大石西進，假道回鶻（畏吾兒）。回鶻王畢勒哥（Bilga）迎之至邸，獻馬駝，願質子孫為附庸，送至境外。耶律大石遂歷取合失合兒（Kašğar）、鴨兒看（Yarkand）、忽炭（Qotan，Khotan）、途魯吉（Turki）諸地。時途魯吉地屬河中汗。至是河中汗僅保河中，而稱臣於耶律大石。已而花剌子模亦為耶律大石之兵所殘破，其主阿即思（Aziz）請和，年納歲幣三萬底納兒（dinar）。由是東自戈壁，西起阿母阿之地，盡屬耶律大石。一一二四年，大石遂即帝位，號古兒汗（Gurqan）。在位二十年，改元二，曰延慶、曰康國。一一四三年歿，廟號德宗。子夷列年幼，遺命皇后塔不煙權國稱制，號感天皇后，改元咸清，在位七年。子夷列即位，改元紹興。在位十三年歿，廟號仁宗。子幼，遺詔以妹普速完權國稱制，改元崇福，號承天皇后。在位十四年，為人所殺。一一七八年，仁宗次子直魯古即位，改元天禧。一二零八年，乃蠻汗子屈出律來投時，直魯古在位三十年矣。屈出律至，直魯古厚待之，並以女妻之。

直魯古年老，專事游宴畋獵，不理政事。諸藩國若畏吾兒、哈剌魯、河中、花剌子模諸國，皆欲離叛。至是屈出律亦謀奪其位，誘數將使從己，並進言於直魯古曰：「乃蠻舊部流亡於葉密立（Imil）、海押立（Qayaliq）、別失八里三地之間，願往招致之，俾為國用。」直魯古喜從之，授以汗號，厚贈以賮其行。

屈出律至上述諸地，乃蠻舊部皆相率投其麾下，蔑兒乞部餘眾亦來從。屈出律率之西向，入西遼境，即縱掠。然其軍尚微，不足藉以得國也。時花剌子模算端（sultan）摩訶末（Muhammad）已脫西遼屬藩，河中汗斡思蠻（Osman）且臣附之，其勢寖強。屈出律乃約花剌子模算端共圖西遼，許事成以西方之地界之。會西遼以斡思蠻叛去，遣軍進討，摩訶末亟往救，未至，西遼軍已解圍去。蓋屈出律亦叛，故召此軍還也。

屈出律乘西遼之進兵河中，遂率所部進掠訛跡邗（Ozkand）城中西遼主之寶藏，已而欲進襲西遼都城八剌撒渾（Balasağun），西遼主率軍與戰，大破之於真不只（Činbuje）河畔。

當斯時也，摩訶末已與斡思蠻聯軍侵入西遼境，敗西遼將塔尼古（Tanigu）之軍於塔剌思（Talaz）河，塔尼古被擒，西遼軍潰還。八剌撒渾之民欲附摩訶末，閉城不納古兒汗軍。古兒汗攻十六日，拔之，屠居民四萬七千人。

時西遼既遭兵禍，帑藏空虛。西遼將馬合謀伯（Mahmud Bai）者，富有資財，恐西遼主徵求財貨於己，乃獻議強將卒以所奪還於屈出律之財貨人官，諸將遂怨而離去。屈出律乘古兒汗之將卒離散，於一二一一或一二一二年間，襲執西遼主，然仍留其帝號，敬事之至死不衰。後二年直魯古死。

屈出律既據西遼，欲使阿力麻里的斤斡匝兒附己，數以軍討之，終乘其出獵，襲擒殺之。合失合兒、忽炭兩地亦不附。先是直魯古執合失合兒汗子投之獄，至是屈出律釋之歸。汗子甫抵合失合兒城門，為城人所殺。屈出律遂遣軍殘破其地，毀禾稼而去，如是者二、三年。合失合兒人民飢困，不得已遂降。乃蠻部人多信景教；至是屈出律又從其婦古兒汗女之言，信奉佛教。及其征服忽炭之時，欲強其民棄回教而改從景教、佛教，聚回教教師與之辯論教義，回教教師有為其教熱烈辯護者，屈出律怒其抗命，遂詈及回教教主摩訶末（Muhammad）。教長恚甚，厲聲斥之，屈出律命拘其人，施以拷掠，強其改教。不從，被釘於所居道院之門而死。自是以後，屈出律虐遇國內之回教徒。

一二一八年，成吉思汗命者別率二萬騎進討屈出律，敗之於碎葉城（Toqmaq）附近。屈出律逃合失合兒。者別宣佈信教自由，西遼人民大悅。諸城民盡屠屈出律士卒之居民舍者。者別追逐屈出律，及之於撒里黑豁勒（Sariq-Ğol），擒斬之。

成吉思汗聞者別勝敵之訊，遣使諭之曰：「勿因勝而驕，王罕、大陽汗、屈出律等皆因驕而致敗亡也。」者別先是未降成吉思汗時，曾射斃汗之一馬；至是取西遼獲良馬千匹以獻，而償前此所斃汗馬之失。

於是成吉思汗斥地至於西遼境界，與花剌子模算端之壤地相接。

第六章 侵略金國

先是成吉思汗稱臣而納歲貢於金，一二零八年時，金主使衞王允濟受貢於靜州，汗見允濟不為禮。允濟歸，欲請兵攻之。會金主璟殂，允濟嗣位，有詔至蒙古，傳言當拜受。汗問金使曰：「新君為誰？」金使曰：「衞王也。」汗遽南面唾曰：「我謂中原皇帝是天上人做，此等庸儒亦為之耶？何以拜為！」即乘馬北去，遂決意南侵。

一二一一年，成吉思汗命脫忽察兒（Toqučar）率騎二千留守其斡耳朵，自率諸部之兵發自怯綠連河，南侵金國。出師以前，登一高山，祈天之助，解帶置項後，跪禱曰：「阿勒壇汗（Altan-qan，金主）辱殺我從祖巴兒合黑、俺巴孩二人，若天許復仇，請命人神助我！」

於是渡大漠而至汪古部，汪古部長前為金守邊牆者，亦叛金，導蒙古兵入界垣。先是金將納合買住守北鄙，知蒙古將侵邊，奔告於金主，金主以其擅生邊隙，囚之。及蒙古兵人，乃釋買住，遣使求和，成吉思汗不許。

蒙古軍遂克大水濼，進拔烏沙堡，及桓、撫等州。攻西京凡七日，金留守胡沙虎棄城突圍遁去。蒙古軍以精騎三千躡其後，金兵大敗。進至翠屏口，成吉思汗復遣長子拙赤、次子察合台、三子窩闊台率兵分取雲內、東勝、武、朔、豐、靖等州，及遣者別率兵取東京。者別見城堅難下，即引退五百里，留其輜重，選良馬，急馳還襲取其城，大掠而歸。成吉思汗之將發撫州也，金人命招討使完顏九斤監軍，完顏萬奴率大軍設備於野狐嶺，又命參政胡沙率軍為後繼，契丹軍師謂九斤曰：「聞彼新破撫州，以所獲物分賜軍中；馬牧於野，出不虞之際，宜速騎以掩之。」九斤曰：「此危道也，不若馬步俱進，為計萬全。」成吉思汗聞之，進兵於獾兒嘴。九斤命麾下明安問蒙古舉兵之故，明安反降於蒙古。蒙古軍遂與九斤等戰，金兵大敗，人馬蹂躪，死者不可勝計。胡沙不敢拒戰，引兵南行，蒙古兵踵擊之，至會河堡，金兵又大敗，胡沙僅以身免，走宣德。蒙古兵破宣德，至德興府，失利引卻。成吉思汗第四子拖雷與駙馬赤渠（Čigu）率軍盡克德興境內諸堡而還，後金人復收之。

一二一三年秋，蒙古軍復破德興，遂進軍至懷來，金帥朮虎高琪與戰敗走。成吉思汗留怯台（Kätai）、薄察（Boča?）二將屯兵居庸北口，自將別眾西行由紫荊口出。金主聞之，遣大將奧屯拒守。金兵比至，蒙古軍已渡關矣。成吉思汗命者別率眾攻居庸南口，出其不備破之，進兵至北口，與怯台、薄察軍合。既而又遣諸部精兵五千騎，令怯台、哈台（Qatai）二將圍守中都，成吉思汗自率兵攻涿、易二州，即日拔之。乃分軍為三道，拙赤、察合台、窩闊台將右軍循太行而南，抵黃河大掠而還。拙赤、合撒兒等將左軍，遵海而東，破沿海諸地而還。成吉思汗自與四子拖雷率諸部軍由中道躪諸州，北還以逼中都。時山東、河北諸府州盡拔，唯十一城不下，河東州縣亦多殘破。

是年八月，金中都亂起，胡沙虎殺金主允濟，迎立昇王珣。蒙古乘勝逼中都，胡沙虎命朮虎高琪以糺軍五千拒之。高琪失期不至，胡沙虎欲斬之，金主諭令免死。胡沙虎乃益其兵，令出戰以贖罪。高琪出戰大潰，恐見罪，乃以軍入中都，殺胡沙虎。金主赦高琪罪，以為左副元帥。

一二一四年，成吉思汗既自山東還屯中都之北。諸將請乘勝破中都，成吉思汗不從，遣使告金王曰：「汝山東、河北郡縣悉為我有，汝所守唯燕京（中都）耳！天既弱汝，我復迫汝於險，天其謂我何！我今還軍，汝不能犒師以弭我諸將之怒耶？」高琪言於金主曰：「韃靼人馬疲病，當決一戰。」完顏福興曰：「不可，我軍身在都城，家屬多居諸路，其心向背未可知。戰敗必散，苟勝亦思妻子而去，祖宗社稷安危在此舉矣！今莫若遣使議和，待彼還軍，更為之計。」金主然之，遂遣福興求和；因以故主允濟女及金帛、童男女各五百、馬三千與之，令福興送至野麻池而還。成吉思汗出居庸時，收所虜山東兩河少壯男女數十萬皆殺之。

成吉思汗之侵金也，遼東之契丹亦叛。契丹人耶律留哥者，仕金為北邊千戶。蒙古兵起，金人疑遼遺民有他志，留哥不自安，一二一二年遁至隆安，聚眾以叛。會成吉思汗命阿勒赤那顏（Alči noyan）行軍至遼，遇留哥率軍來附，二人遂相約圖金。於金山刑白馬白牛登高北望，折矢以盟。一二一三年，金人遣完顏胡沙率軍來討留哥，並懸賞以購其骨。留哥乞援於蒙古，成吉思汗命阿勒赤以千騎助之，大敗金兵，留哥以所俘輜重獻成吉思汗，而自立為遼王。後降蒙古，成吉思汗以為元帥，令居廣寧。

金主以國蹙兵弱，不能守中都，乃議遷於南京汴梁，諫者皆不納。一二一四年五月，命完顏福興、抹撚盡忠奉太子守忠留守中都，遂與六宮啟行。成吉思汗聞之怒曰：「既和而遷，是有疑心，而不釋憾，特以解和為款我之計耳。」復圖南侵。

金主至良鄉，令護衛乣軍元給鎧馬悉復還官。乣軍皆怨，遂作亂，殺其主帥，共推斫答（Čöda）、比涉兒（Bišär）、札剌兒（Jalar）為帥，叛還北。完顏福興聞變，以兵阻盧溝，斫答擊敗之，遣使乞降於蒙古。成吉思汗命撒勒只兀部人三木合拔都（Samuqa Ba,atur）領契丹先鋒將明安等援斫答，合其兵圍中都。金主聞之，遣人召太子赴汴，中都益懼。

中都被圍既久，完顏福興悉以兵付抹撚盡忠，而自總持大綱，遣人以礬寫奏告急。金主命永錫、慶壽、李英等將兵運糧，分道還救中都。一二一五年三月，李英被酒[④]與蒙古兵遇於霸州，大敗，盡失所運糧。英死，歷慶、永錫軍聞之皆潰歸。自是中都援絕，城中無糧，人自相食。五月，福興約盡忠同死，盡忠不從，福興自仰藥死。中都妃嬪聞盡忠將

④　編者按，即喝醉之意。

南奔，皆欲偕行，盡忠紿之曰：我當先出，與諸妃啟途。挈其所親先出，不復反顧。蒙古兵遂入中都，吏民死者甚眾，宮室為亂兵所焚，火月餘不滅。時成吉思汗在桓州，聞中都陷，遣使勞明安等，而輦其府庫之實北去。

中都陷後，得契丹人耶律楚材。成吉思汗聞其名，召見之。楚材身長八尺，美髯宏聲，汗偉之曰：「遼金世仇，朕為汝雪之！」對曰：「臣父祖嘗委質事之，臣敢仇君耶！」汗重其言，處之左右，遂呼楚材曰吾圖撒合里（Utu sağol），蒙古語猶言長髯也。先是得畏吾兒人塔塔統阿，蒙古始知西域文化；至是得耶律楚材，因又知中國文化。故後此多用畏吾兒人及契丹人。蒙古好殺，楚材嘗諫止之，多所全活。楚材通術數，成吉思汗每用兵必令之預卜吉凶，亦自灼羊胛以符之。

一二一五年，成吉思汗駐軍魚兒濼，遣三木合拔都率蒙古兵萬騎，自西夏趨京兆以攻潼關，不能下，乃由嵩山小路趨汝州，遇山澗輒以鐵槍相鎖，連接為橋以渡，遂赴汴京。金主急召花帽軍於山東，蒙古兵至杏花營，距汴京二十里，花帽軍擊敗之。蒙古兵還至陝州，適河冰合，遂渡而北。金人專守關輔。時蒙古兵所向皆下，金主遣使求和，蒙古欲許之，謂三木合曰：「譬如圍場中獐鹿吾已取之矣，獨餘一兔，盍遂全之。」三木合恥於無功，不從，遣人謂金主曰：「若欲議和，以河北、山東未下諸城來獻，及去帝號稱臣，當封汝為王。」議遂不成。

同年木華黎進攻金之北京大寧，金守將銀青率兵禦於花道，敗還。嬰城自守，其下殺銀青，推寅答虎為帥，遂舉城降。木華黎怒其降緩，欲坑之。蕭也先曰：「北京為遼西重鎮，既降而坑之，後豈有降者乎！」木華黎從之。奏寅答虎權北京留守，以撒勒只兀部人吾也而（Uyär）權兵馬帥府事以鎮之。

先是去年錦州張鯨聚眾十餘萬，殺其節度使，自立為王，已而降成吉思汗。是年，成吉思汗命鯨率萬人從脫欒南征未附州郡。木華黎密察鯨有反側意，請以蕭也先監其軍。至平州，鯨稱疾逗留，復謀遁去，蕭也先執送汗所誅之。一二一六年，蕭弟致憤其兄被殺，據錦州叛，木華黎率蒙古不花（Mungu Buqa）等軍討之，以計敗致軍，進圍錦州，致部將縛致出降，伏誅。

遼西既平，成吉思汗召木華黎還。一二一七年，汗駐禿刺河上，大獎其功，封之為國王，賜汗建之九斿大旗，諭之曰：「太行之北，朕自經略；太行以南，卿其勉之！」分汪古部軍萬人，火失忽勒（Qoši-qul，由各軍每十人調發二人所組成之軍曰火失忽勒）軍千人，兀魯兀部軍四千人，亦乞剌思部軍二千人，忙忽部軍一千人，弘吉剌部軍三千人，札剌兒部軍二千人，及吾也而禿花（Tuqa）兩元帥所將之漢軍、女真軍，札剌兒所將之契丹軍，並隸麾下，木華黎乃自中都南攻遂城及蠡州，皆下之。一二一八，取河東諸州郡。

先是一二一六年，金以苗道潤為中都經略、使賈瑀為副，道潤署張柔為元帥左監軍。瑀與道潤素有隙，一二一八年，遂刺殺道潤，張柔檄召道潤部曲共討瑀。會蒙古兵出自紫荊關，柔遇之，戰於狼牙嶺。柔馬跌，為蒙古所執。至軍前見主帥明安，立而不跪，左右強之，柔叱曰：「彼帥我亦帥也！大丈夫死即死，終不偷生為他人屈！」明安壯而釋之，以柔為河北都元帥。

一二一九年，蒙古使張柔率兵南下，克數州，殺賈瑀。進兵次滿城，破金將武仙兵。由是諸城望風降附，柔威名振於河北。是年高麗亦降蒙古。

一二二零年，木華黎進至滿城，武仙兵敗，以真定城降，木華黎以史天倪權知河北西路兵馬事，仙副之。天倪說木華黎曰：「今中原已漸定，而大軍所過，猶縱抄掠，非王者弔民伐罪之意；且王為天下除暴，豈可效他軍所為乎！」木華黎善之，即下令禁剽掠，遣所俘老幼。軍中肅然。

同年，金遣烏古論仲端與蒙古求和，呼蒙古主為兄，成吉思汗不允。遣使報金，謂烏古論仲端曰：「向令汝主授我河朔地，彼此罷兵，汝主不從。今念汝遠來，河朔既為我有，關西數城未下，其割付我，令汝主為河南王，勿復違也！」

是年十一月，木華黎進兵山東，金將嚴實以所部彰德等三府六州降。時金兵二十萬屯黃陵岡，遣步卒二萬襲木華黎於濟南，木華黎迎戰，敗之。進破金兵於黃陵岡，遂趨東平，圍之，留兵屯守，自率兵北向。一二二一年，由東勝州涉黃河，引兵而西，會西夏兵五萬；復引而東。一二二二年，歷下河中等城，命石天應守之。一二二三年正月，木華黎攻鳳翔府不下，將由河中北還，金將侯小叔襲破河中，殺石天應，焚浮橋而退。三月，蒙古木華黎自河中率師還至解州聞喜縣，疾篤，謂弟帶孫曰：「我為國家助成大業，干戈垂四十年，無復遺恨；所恨者汴京未下耳。汝等勉之！」言訖而卒。

嗣後金以河北久經戰爭，地多殘破；遂盡棄河北、山東、關陝，惟併力守河南，保潼關，東西二千餘里，立四行省，帥精兵二十萬以守禦之。

（本章所繫月日從太陰曆，其餘諸章皆從格引葛兒［Gregorien］曆。）

第七章 西征前之花剌子模

十二世紀下半葉中，伊蘭（Iran）之地為羣藩所割據，其最強者曰薛勒朮克（Säljuk）朝，突厥種也。算端滅里沙（Mälikšah）在位時，有奴名訥失的斤（Nuš Tägin），為算端執水瓶隸，後歷擢為花剌子模長官。訥失的斤死，子忽都不丁摩訶末（Qutb ad-Din Muhammad）襲職，而號花剌子模沙。沙（šah）者，猶言王也。忽都不丁摩訶末死，子阿即思繼立，數以兵攻其主君辛札兒（Sinjar）。辛札兒者，滅里沙子也。西遼軍興，阿即思勢不敵，乃奉歲幣於古兒汗。一一五七年，算端辛札兒死，阿即思子頡利阿兒思蘭（Il-Arslan）奪據呼羅珊（Qurasan）之西部。一一九四年之戰，頡利阿兒思蘭子帖客失（Täkäš）擊殺薛勒朮克朝算端脫忽魯勒（Tuğrul），而取伊剌黑阿者迷（Iraq Ajämi）之地。由是波斯之薛勒朮克朝兩系並亡。已而帖客失受哈里發納昔兒（Nasir）之冊封而為伊蘭之主。

一二零零年，帖客失死，子阿剌丁摩訶末（Alaad-Din Muhammad）嗣位，取巴里黑（Balq）、也里（Heri, Herat）兩州，遂全有呼羅珊之地。已而禡拶答而（Mazandaran）、起兒漫（Kirman）亦並屬之。先是花剌子模奉歲幣於西遼，已三世矣。至是摩訶末國勢寖強，頗以為恥，欲脫屬藩。會河中汗斡思蠻亦西遼之藩臣也，不堪西遼所置諸州監徵貢賦官吏之需索，亦勸摩訶末自主，許脫藩以後，改奉摩訶末為主君，並以所納西遼之歲幣如數奉之，摩訶末遂決與西遼絕。

會有西遼使者來受歲貢，依例得坐算端側，時摩訶末新近戰勝里海北之欽察，意氣甚驕，怒使者之敢與抗禮，命執使者磔殺之。

摩訶末殺使者後，舉兵入西遼境，戰敗，並部將一人為西遼軍所俘。西遼軍不識摩訶末，俘將因詭認算端為奴，越數日，議贖畢，遣奴歸取贖金，俘者許之，且遣人衞送其歸，算端因是得脫還。先是流言算端已死，其弟阿里失兒（Ali-Šir）已自立於陀拔斯單（Tabaristan），其諸父額明木勒克（Amin al-Mulk），本也里長官，亦謀襲位。及摩訶末歸，眾情乃安。時在一二零八年也。

一二零九年，摩訶末與河中汗斡思蠻合兵再侵西遼，敗塔尼古所將之西遼軍於塔剌思河，乘勝斥地至訛跡邗，置戍將以守之。花剌子模之民聞其主戰勝異教之國，羣以尊號上算端。

摩訶末還其國，以女妻河中汗斡思蠻，置花剌子模使者於撒麻耳干，一如以前西遼故事。已而斡思蠻與使者不相能，悔改事新主，遂仍附西遼，盡殺其都城中之諸花剌子模人（一二一零年）。摩訶末聞之怒，興兵進討，薄撒麻耳干，士卒踰城而入，殺掠三日，進克子城。斡思蠻身衣殮服，繫刃於頸，詣摩訶末前跪伏請罪，摩訶末欲宥之，其女嫁斡思蠻者，怨其夫寵西遼古兒汗女而辱己，且命侍古兒汗女宴，力請殺其夫，並及其族。摩訶末由是併河中之地，而徙都於撒麻耳干。

先有古耳（Gur）朝，立國於也里城及恆河（Ganga）間。一二零五年，其四傳主失哈不丁（Šihab ad-Din）死，所領印度諸地，悉為其戍將所割據。巴里黑、也里兩州亦被奪於花剌子模。失哈不丁姪馬合木（Mahmud）僅保古耳之地，且須稱臣納貢於花剌子模。馬合木在位七年，為人刺殺於宮中（一二一二年），時論謂為花剌子模算端所主使。先是摩訶末弟阿里失兒因得罪逃依馬合木，至是自立為古耳算端，求兄冊封。摩訶末遣使往授冊命，阿里失兒方衣賜服時，使者遽出算端手詔，拔刀斬之。由是古耳國亦併入花剌子模。

先是有突厥統將者，古耳算端失哈不丁之舊臣也，乘古耳國之分解，據有哥疾寧（Gazna）之地。一二一五年，摩訶末攻取哥疾寧。在此城所藏文牘中得哈里發納昔兒致古耳諸算端書，謂花剌子模沙懷大志，謀兼併，可討擊之，且囑其與西遼連兵。先是摩訶末初即位時，古耳朝之末二主果興兵謀取呼羅珊西部之地。至是摩訶末見書，知為納昔兒所唆使，遂怨納昔兒。

黑衣大食哈里發所統馭之大國，土地日削，至是僅保伊剌黑阿剌壁（Iraq Arabi）、忽即斯單（Quzistan）兩地。納昔兒自一一八零年以來君臨報達（Bağdad），當謀抑制其強藩。蓋諸藩名為受地於報達，而求哈里發之冊封，第特示其得國之正而已。僅於公共祈禱中及貨幣上著哈里發之名，此外哈里發實無權干涉諸藩國之事，藩國之勢強者且置官於報達。

先是薛勒朮克朝算端脫忽魯勒在位之時，僅保伊剌黑阿者迷一地。哈里發納昔兒欲乘其危而取其地，或鼓煽其內亂，或乞援於花剌子模。及花剌子模算端帖客失滅薛勒朮克朝，不以地讓哈里發。哈里發既不得地，反招致強鄰，悔失計。摩訶末繼父位，納昔兒又唆使古耳朝之末二主興師討之，皆為摩訶末所敗，計又未遂。

摩訶末既取哥疾寧，始知向者之戰，哈里發實構之，遂怨納昔兒。當時摩訶末拓地，東北抵昔渾河，東南抵申（Sind, Indus）河，西北抵阿哲兒拜占（Azärbaijan），西南抵波斯灣。自以君臨廣土，擁兵四十萬，國勢遠過薛勒朮克，冀得如薛勒朮克算端故事，遣一長官蒞治報達，公共祈禱中列已名，並冊封已為算端。乃遣使赴報達，以此三事請於哈里發。哈里發不許，謂向許低廉（Diläm）、薛勒朮克等朝藩主置官於報達者，以有大功於哈里發也，今日情形則與前異。摩訶末領土既廣，反不自足，而覬覦及於哈里發之首都，殊可怪也。

摩訶末聞之怒，決廢阿拔思（Abbas，黑衣大食）族承襲哈里發之權。顧欲廢立教主，須經諸教長之贊同，乃徵詢回教諸律士曰：「設有王者以頌揚帝語滅除教敵為己任，而有一哈里發因怨而阻撓之，如是王者能否廢此哈里發，而代以較為正大者歟？教主之位依法當屬忽辛（Husain）之後裔，乃為阿拔思族所竊據，此事應如何？且阿拔思系諸哈里發常不能盡教主之職，不能保障回教邊境，發動神聖戰爭，而使異教民族改從正教，或獻納貢賦，又應如何？」諸教長裁答曰：處此境況中，廢立為正。摩訶末遂推阿里（Ali）後裔忒耳迷（Tirmid）之賽夷（Säyid）族人阿剌木魯克（Alaal-Muluk）為哈里發，命以後公共祈禱中及新鑄錢幣上除納昔兒名。時波斯阿里派信徒甚眾，咸以為阿里族在六百年後恢復教主之權，此其時矣。

摩訶末遂舉兵往廢納昔兒，擬先取伊剌黑阿者迷之地。會有突厥將名斡古勒迷失（Ogulmiš）者，奪據其地，輸款於摩訶末。哈里發陰遣刺客刺殺斡古勒迷失，並命法兒思（Fars）、阿哲兒拜占二藩國主往取其地。摩訶末聞訊，兼程進，一戰擒法兒思主撒的（Sa'd），撒的割二堡，許納其歲賦三分之一，始得釋歸。已而又敗阿哲兒拜占主月即伯（Uzbäg）之兵，月即伯遁走，花剌子模諸將欲追之，摩訶末曰：「一年擒兩國主，其事不祥。」遂止。月即伯還國後，亟遣使納貢稱臣而乞和。

摩訶末既取伊剌黑阿者迷，遂進兵報達（一二一七年）。納昔兒遣司教失哈不丁（Šihabad-Din）充議和使。其人通神學而負重望，花剌子模軍營於哈馬丹（Hamadan）附近，司教幾經困難，始得入謁摩訶末於帳中。摩訶末褻服褥坐，見司教不答禮，亦不延之坐。司教向之用阿剌壁（Arabi）語振其雄辯，讚揚阿拔思之家世，極頌哈里發納昔兒有盛德，次引教主摩訶末之遺誡，謂勿得加害於此名族之人。舌人譯其詞畢，摩訶末答曰：「哈里發之德殊不稱若人所譽，我至報達將以真具如是美德之人承教主位。至若是人所引教主之誡，亦有未合。須知阿拔思族之人悉生長於牢獄中，多終身處於囹圄。然則為害於阿拔思族最甚者，即為本族之人也。」司教復為之反覆辯論。摩訶末不為所動。司教還報達，納昔兒知和平無望，遂謀繕守。摩訶末以為伊剌黑阿剌壁之地唾手可得，已在哈馬丹預備分封其地，繕錄封冊文狀矣。

花剌子模軍前鋒萬五千騎進向火勒汪（Holvan），第二軍繼進。時值秋初，忽天降大雪，前鋒軍經行山中，士馬多凍死。已而復為突厥蠻、曲兒忒等部之眾所邀擊，大蒙損害，幾至全軍覆沒。時迷信者以為天怒，故使摩訶末視為輕而易舉之事，遽遭失敗。上帝尚佑阿拔思一族也。

摩訶末亦懼而止兵，以伊剌黑阿者迷之地冊授其子魯克那丁古兒珊赤（Rukn ad-Din Ğuršanči）。已而復以諸地分封其餘諸子。以起兒漫、碣石（Kiš）、馬克蘭（Makran）等地授加禿丁皮兒沙（Giyat ad-Din Pir-šah）。以古耳國故地哥疾寧范延（Bamiyan）、古耳不思忒（Bust）等地授札蘭丁忙古比兒的（Jalal ad-Din Mangubirti）。幼子斡思剌黑沙（Ozlağ-šah）母為康里伯岳吾部人，與摩訶末母禿兒堪可敦（Turkan Qatun）同族，故斡思剌黑沙特為祖母所鍾愛。摩訶末將順母意，定為儲嗣，畀以花剌子模、呼羅珊、禡拶而答等地。

摩訶末分封諸子之地，多屬新併疆土，難期其效忠於花剌子模朝。人民之關係相同者，僅有宗教。顧教中宗派繁多，各派常存敵視之心，則所能維繫其統一者，僅有兵威。花剌子模軍大致以突厥蠻與康里人為之。突厥蠻者，波斯語近類突厥之謂。薛勒朮克族率以侵略伊蘭的突厥部落之後裔也，其體貌風習語言因遷徙及與波斯居民通婚之故，微有變改，乃名之曰突厥蠻，俾與其他突厥有別。康里部者，花剌子模湖（鹹海）北與里海東北平原之民族也，居札牙黑水東，西與欽察為鄰。其別部曰伯岳吾部之部長女禿兒堪可敦，嫁算端帖客失，康里部人遂相率投花剌子模，部眾勇健，常為摩訶末建功勳。禿兒堪可敦既當權，因常擢外戚為大將，顧統軍者兼州長，由是康里大將在國中權勢甚重，摩訶末漸不能制。且此種好戰部落未脫北方遊牧部落殘忍之性，土著之民往往遭其侵暴，軍行所過，城市坵墟。

禿兒堪可敦賦性剛強，黨於外戚而為之長，其權與子侔。每有可敦與算端之令旨同至一地，其事雖同，而意趣違反者，臣下則擇其宣發時日較近者行之。摩訶末每得一地，必割一大邑以益其母封地。可敦有書記七人，並有才能，可敦自於令旨上書其徽號曰：「世界與信仰之保護者，宇宙之女皇禿兒堪！」

可敦有舊奴名納速剌丁（Nasrad-Din）者，因寵而躋相位，唯其人非相材，而性貪黷，算端惡其人，常嚴責之。一日摩訶末至你沙不兒（Nišapur），命氈的（Jand）人撒都魯丁（Sadr al-Din）為你沙不兒法官，諭以官由己授，非宰相恩，勿納之賄。或有告此法官者曰：算端之寵不可恃，不賂宰相為非計。撒都魯丁懼，乃囊盛金錢四千，外鈐印記，以饋納速剌丁。算端常遣人密偵其相舉動，偵者以聞。算端命其相獻囊，封印尚未啟。及法官入謁，算端對象詰其曾以何物獻宰相，法官誓言無之，算端擲示囊金，法官失色，遂立黜其職，命折宰相所居帳覆宰相首，「遣之歸投其女主人之門」。

納速剌丁遂赴花剌子模，緣道仍使人待己以宰相禮，裁決政務如故，無敢謂其已罷黜者。將入花剌子模，禿兒堪可敦令居民無問貴賤出郊迎勞。有教長名不兒罕丁（Burhan ad-Din）者後至，謝以病，故遲來。納速剌丁曰：「非病也，意不欲也。」越數日，罰輸十萬金錢佐軍。可敦幼孫斡思剌黑沙既受封於花剌子模，可敦遂命納速剌丁為其相。自是納速剌丁貪黷愈甚，索巨金於花剌子模之課稅官。算端在河中聞其事，命使往斬納速剌丁首齎以歸報。可敦聞之，待使者至，命其立赴省中謁納速剌丁，且令其代傳算端語，若曰：「相位非汝莫屬，仍守汝職，勿使國中有一人不用汝命、不服汝威。」使者不能違，竟轉述如可敦旨。由是權勢愈重，時人有曰：「算端雖滅國甚眾，然不能懲罰一奴。」蓋指此事也。

摩訶末自伊剌黑阿者迷還，經你沙不兒，留數旬，復自是赴不花剌（Buqara），而成吉思汗使者三人適至。三人皆回教徒，原算端臣民也。一名馬合木（Mahmud），花剌子模人；一名阿里火者（Ali-Qoja），不花剌人；一名亦速甫（Yusuf），訛答剌（Utrar）人。奉蒙古汗命獻珍物，並致成吉思汗之詞曰：「我知君國大而勢強，甚願與君修好，我之視君，猶愛子也。君當知我已征服女真，統治北方之諸民族，戰士如蟻垤之眾，財富如金穴之多，無須覬覦他人土地，所冀彼此臣民之間得以互市，為利想正同也。」

北方民族常用祖孫、父子、叔姪、兄弟之稱，以判國之強弱。玆成吉思汗謂視摩訶末如子者，蓋欲其稱臣也。摩訶末夜召三使中之馬合木入見，語之曰：「汝本花剌子模人，知汝忠誠可恃，若以實情告，並於將來以成吉思汗之舉動來告，必有重賞。」即取寶石手環一纏賜之，為不食言之左劵。繼詢之曰：「成吉思汗征服桃花石（Tabğač，猶言中國），信否？」對曰：「此一大事孰能虛構。」摩訶末曰：「我之國大，汝所知也，顧乃敢謂我為子，彼虜何物！兵力幾何！」馬合木見算端有怒色，不敢直對，僅言蒙古汗兵何能敵算端兵，摩訶末意乃釋，以好言遣三使歸。

先是漠北諸部落以劫奪為生，至是既屬蒙古，道途遂安，行旅往來無虞。凡外國人之齎珍物赴蒙古貿易者，常導之至蒙古汗廷。西遼既亡，摩訶末之領地遂與畏吾兒相接。有摩訶末之臣民三人，販絹布入蒙古境，成吉思汗厚償其價，命厚待三商，處以白氈新幕。於其將歸，令諸王、諸那顏、諸將等各出私貲，遣信僕一、兩輩，齎隨以往，購易花剌子模珍物。有眾約百餘人（一說有四百五十人，一說謂僅四人），俾兀忽納（Uquna）領之。行次昔渾河上之訛答剌城，守將亦納勒朮（Inalčuq）而號哈亦兒汗（Qayir-qan）者，欲沒人所齎，乃指為蒙古間諜，擅執諸商，殺其人而奪其物。

成吉思汗聞報，驚怒而泣，登山免冠解帶置項後，跪地求天助其復仇，祈禱三日夜始下山。

惟在進兵花剌子模以前，必先除其舊敵屈出律，遂遣使臣一人名巴格剌（Bagra）者，偕副使二人，至摩訶末所傳語曰：「君前與我約，許不虐待此國商人。今遽背約，枉為一國之主。若訛答剌虐殺商人之事果非君命，則請以守將付我，聽我懲罰，否則請以兵見。」

哈亦兒汗者，算端母族也，大將權重，不受算端之制。摩訶末雖欲懲之，勢亦有所不能。且恃國大兵強，遂殺巴格剌，薙蒙古副使二人鬚而遣之歸。

已而摩訶末集軍於撒麻耳干，將往討屈出律。忽聞有蔑兒乞部眾闌入鹹海北之康里部境內，摩訶末乃取道不花剌，進軍氈的，以卻此外來之遊牧部落。及至氈的，則聞屈出律已為蒙古所滅。此蔑兒乞部人曾與屈出律相結。已有一蒙古軍追擊於後，摩訶末自度兵少，乃還撒麻耳干，續調新軍，再至氈的。至此城北，遂躡兩軍之跡，次哈亦里（Qayli）、乞馬赤（Qimač）二水間，見一戰場，伏屍遍地，一蔑兒乞人傷未死，詢之，則言蒙古人已得勝，適拔營去。摩訶末乃躡蒙古軍去路，越日及之，方欲進擊。蒙古主帥（傳為拙赤）遣使來言，兩國未處戰爭中，且曾奉命，若遇花剌子模軍，當以友誼相待，請分鹵獲以犒軍。摩訶末自恃兵多，答曰：「成吉思汗雖命汝曹勿擊我，然上帝命我擊汝曹！」蒙古軍不得已應戰，先卻花剌子模軍左翼，進擣摩訶末所在之中軍，中軍將潰。會摩訶末子札闌丁所將右翼勝敵，見父危急，以右翼趨援，陣勢始整，戰至日暮始息。入夜，蒙古軍多燃火於營以誤敵，疾馳而去。比曉，距戰地已二日程矣。是戰以後，摩訶末始不敢輕視蒙古，曾告其親幸者曰：「我遇敵多矣，未見有如此軍者。」還撒麻耳干，以爵號封地賞諸將。

成吉思汗滅屈出律併入西遼以後，於一二一八年大會諸王重臣，定策往征摩訶末，命弟帖木格斡赤斤留守蒙古，自率大軍行。次年，駐夏於額兒的石河畔，休息士馬。秋進軍，畏吾兒亦都護巴而朮阿而忒的斤、阿力麻里汗昔格納黑的斤、哈剌魯汗阿兒思蘭，皆以兵來會。

花剌子模有兵四十萬，然紀律服從、耐苦習戰皆不及蒙古軍。摩訶末自即位以來，陸續開拓疆土，已至極盛而衰之時。蒙古軍迫，怯不敢戰，反分屯軍隊於河中、花剌子模諸城中，自身亦遠避戰地。有謂諸將不願戰，建此守而不戰之策。有謂摩訶末信星者言，以天象不吉，不利於戰。有謂其中成吉思汗離間之計。緣有訛荅剌人名別都魯丁（Bädr ad-

Din）者，父叔及親屬數人悉為摩訶末所害，因矢志復仇，投蒙古，獻離間策，謂乘摩訶末母子不和，以計間之，遂偽作禿兒堪可敦戚黨諸將致成吉思汗書曰：「我等舉部自康里投花剌子模，而從算端摩訶末者，以其母故也。曾為花剌子模拓地甚廣，乃算端遽忘恩而怨母，可敦欲我等為之雪恨，唯待大軍之至，即舉部相從。」成吉思汗使人故遺其書，使摩訶末得之。摩訶末遂疑諸將，分其兵勢，散之諸堡。三說未知孰是。然諸將不願與敵作野戰，而摩訶末曾以為蒙古人於剽掠後必飽載而去，故取守勢，殆近真相也。

第八章 西征之役（上）

一二一九年秋，成吉思汗自額兒的失河進兵入摩訶末之國。當時蒙古人似未識此國之名，緣花剌子模之名，僅一見於《元史》西北地附錄[⑤]，此外在紀傳中皆名之曰「回回國」。《元朝秘史》之對稱作撒兒塔兀勒（Sarta'ul），耶律楚材《西游錄》則作「謀速魯蠻（Musulman）種落」，皆不以花剌子模名之。《元朝秘史》中固見有其別譯曰忽魯木石（Qurumši），然旁註作「姓」，而不知其為國名也。對於國名如此，對於人名可知，所以算端摩訶末之名不見於元人記載，殆亦因其敵來不敢抵抗，致使其名不傳歟！

成吉思汗分軍為四：第一軍察合台、闊窩台二子將之，進攻訛答剌。第二軍拙赤將之，為右手軍，進取氈的。第三軍阿剌黑（Alaq）、速客禿（Sukätu）、塔海（Tağai）三將將之，為左手軍，進取別納客忒（Bänakät）。三軍之目的地皆在昔渾河畔諸城。成吉思汗自率四子拖雷將大軍渡河進取不花剌，以斷摩訶末與河中之交通，而絕受圍各城之援。

訛答剌城糧儲充足，哈亦兒汗士卒亦眾，更有哈剌札汗（Qaraja-qan）之援兵萬騎，被圍五閱月，軍民氣沮。哈剌札汗唱降議，哈亦兒汗以前殺商人，得罪蒙古，自度無生理，願死守。哈剌札見其不降意決，乃乘夜獨率所部精兵出城欲遁，為蒙古軍所執，哈剌札汗請降，蒙古汗二子以其不忠於

---

⑤ 編者按，即《地理志・西北地附錄》。

其主，並其部眾斬之。

蒙古軍遂拔訛答剌，驅民於野，縱掠城內。哈亦兒汗率殘軍退保子城，又相持一月，部下傷亡幾盡，子城亦陷。哈亦兒汗賈勇巷戰，蒙古軍欲生致之，諸面肉薄[⑥]以進，哈亦兒汗率從卒二人登屋格鬥，從卒盡死，箙中無矢，猶持磚擲人，婦女在牆下授磚以助，已而眾寡不敵，雖奮仆數人，終被擒送至撒麻耳干成吉思汗營，成吉思命鎔銀液灌其耳目殺之。蒙古軍夷平訛答剌之子城，驅免死之民向不花剌。

拙赤一軍向氈的者，道次昔渾河畔之昔格納黑（Signaq）城，遣一回教徒名哈散哈只（Hasan Haji）者往諭城民出降。哈散至城下，言甫啟口，城民羣擊殺之。

拙赤下令進攻，不許休止，士卒更番迭進，連攻七日，拔其城，盡屠居民，命哈散之子守此無人之地。自是連下訛跡邗巴耳赤邗（Barčin,Barčinligkant）、額失納思（Ašnas）諸城，進逼氈的。守將夜遁，渡昔渾河而走玉龍傑赤（Urginj）。拙赤遣使者名真帖木兒（Čintämur）者往諭氈的降，城中無主，人民紛呶不知所從，見真帖木兒至，欲殺之。真帖木兒舉昔格納黑之前事勸誡，且偽與約，誓引蒙古軍他去，不入城內，城民乃釋之歸。

已而蒙古兵至，氈的城民恃城高不為備，蒙古兵樹梯

⑥　編者按，即搏鬥之意。

環登，踰城而入，驅民於野，以未抗拒得免死，僅戮罟真帖木兒者數人，縱掠九日，然後許露處野外之居民人城。以不花剌人阿里火者為氈的長官。旋分兵下其鄰城養吉干（Yangikant）。先是有畏吾兒軍（一說為別軍）萬人從征，至是許遣還國，別募突厥蠻之遊牧部落萬人以代之。使那顏台納勒（Tainal）率新募軍進向花剌子模，此軍在途不服約束，乘台納勒率前鋒先行，叛殺其代將。台納勒聞變馳還，擊殺大半，餘眾遁馬魯（Maru, Merv）、阿母（Amul）二城。

第三軍僅五千人，進至別剌客忒。守城之康里將卒逾三日始乞降，蒙古軍先許其不死，既降之後，驅城中人於城外，別置將卒於一處，盡殲之。分工匠於諸隊，集聚丁壯，役之以攻未下諸城。

已而此軍渡河進向忽氈（Qojand）。忽氈守將帖木兒滅里（Tämur-Mälik），即《元史》所謂之滅里可汗，驍將也，以精銳千人退守昔渾河中島上之一堡，島距兩岸遠，矢石所不及。蒙古軍旋得訛答剌等處蒙古兵二萬、土民五萬來助，編土民什百為隊，以蒙古將校督之，運石於三十里外山中以填河。帖木兒滅里造甲板舟十二艘，覆以氈，用醋浸黏土厚塗之，以御火攻之器。每日出六舟薄兩岸，從舟隙發矢射蒙古軍。蒙古軍累被夜襲，多所損折。已而帖木兒滅里計窮，勢不支，夜以七十舟載士卒輜重，自帥精銳駕甲板舟，列炬燭川，沿流而下。蒙古軍在別納客忒附近以鐵絙橫鎖川中。帖木兒滅里斷組隨流而下，兩岸追兵不絕。帖木兒滅里聞拙赤於氈的附近昔渾河夾岸置重戍，配置弩炮，並結舟為梁，阻絕川途，乃捨舟乘馬陸行。見蒙古兵追擊，則止而與戰，待輜重前進，然後再行，如是數日。部卒本少，及是益減，不得已棄輜重。已而從卒次第亡失盡，單騎敗走，蒙古三騎尾隨不捨，勢逼，視箙中僅領三矢，矢鏃已失，取射最近追騎，貫其一目，二騎反走，帖木兒滅里遂得脫，至玉龍傑赤。復自是往依札蘭丁，相從至於此王之死。

成吉思汗自與四子拖雷率軍進向不花剌，行近匝兒訥黑（Zarnuq）城，城民皆避入堡。成吉思汗遣答尼失蠻（Danišmand）往諭降，堡中守卒脅之。荅尼失蠻呼曰：「我謀速魯蠻（猶言回教徒），亦謀速魯蠻之子，奉成吉思汗命來拯汝等於深淵中。大軍距此不遠，汝等若稍抵抗，霎時堡壘屋舍將平，血淹田畝矣，不如降，可保身家。」城民感悟，遣代表奉饋禮赴汗營，汗怒匝兒訥黑官吏不親納款，命召之至，官吏懼而來謁，然汗善待之。令居民出城外，簽丁壯為兵，編作一隊，備不花剌攻城之役，餘民聽還家，隳堡而去。

自是募一突厥蠻為導，取人跡罕經之途，進向訥兒（Nur）。前鋒塔亦兒把阿禿兒（Taïr Ba'atur）遣人至訥兒城招降，諸民疑慮不敢降。招降使者數至，乃開門納款。塔亦兒不駐而去，送訥兒代表齎饋禮至成吉思汗營。汗命速不台至訥兒，速不台諭居民曰：「汝等既保性命，況家畜農具一不奪取，應以為足，第應出城外，不許別攜一物。」居民既出，蒙古兵遂縱掠。汗尋至，伺居民所納其主稅額若干，居民以千五百底納兒對，汗命如額輸前鋒營，許不額外再有誅求，居民立脫婦女耳環，已足供其半額。

一二二零年三月，成吉思汗進至不花剌，士卒繼至，屯於城之四圍。城內有兵二萬，被攻數日，守城諸將度不支，夜率全軍突圍出走。蒙古軍出不意被襲，急退。嗣見敵不乘勝進擊，反遁走，遂整列追之，及諸阿母河畔，鏖殺殆盡。

翌日，城中遣教長、紳耆等出城納款。成吉思汗入城，過大禮拜寺，騎而入，問此是否算端宮？答者曰此上帝宅。遂在祭壇前下馬，登講台二、三級，大聲言曰：「野草已刈，速以物來飼吾屬馬。」居民遂入市倉取穀。蒙古兵運可蘭（Koran）經櫝置庭中，以代馬槽，踐回教之聖經於馬蹄下，置酒囊於寺中，召舞者歌女入寺歌舞，自唱其種人歌，聲徹四壁，命教師執隸役，為之護視鞍馬。

如是者一、二時，成吉思汗出城赴祈禱場，不花剌居民盛會時聚禱之所也。集居民於場中，汗登壇問眾中孰最殷富？眾舉二百八十人以應。中有九十人外國籍，汗盡召之使前，諭以算端挑釁及己不得已而用兵之意。既而曰：「應知汝曹已犯大過，人民之長負罪尤重，汝曹若問我所言何據，我將答汝曹曰，我為天災，設汝曹無大罪，上帝曷降災汝曹之首？」次言地上財寶自知取之，勿營汝曹自獻，第應速告地中伏藏，命諸人指出管家之僕，強之呈獻其主財貨。

時猶有花剌子模兵四百騎未能隨大隊出城，退據內堡。蒙古兵宣告於市，凡能執兵者皆應來前，違者死。諸壯丁出，遂命其執內堡填壕之役。已而炮攻內堡，凡十二日，內堡破，盡殲堡中守者。

內堡既克，下令追不花剌居民出城，附身衣服外不許攜帶一物。居民既出，遂縱掠。凡違令未出城者，搜得輒殺之。對男子辱其婦女，拷掠富豪，強其指出藏金所在。已而在城中各處縱火，除大禮拜寺及宮殿數處以磚建築外，餘悉木房，盡付一炬。

成吉思汗焚不花剌後，東向進兵撒麻耳干。兩城相距有五日程，軍循那密（Namid, Sogd, Zarafšan）河行，沿河風景甚麗，園林別墅相望。成吉思汗分兵攻取河畔之二堡，自率大軍進向撒麻耳干，所俘不花剌民隨軍後行，備受虐待，疲不能前者輒被殺。

撒麻耳干亦名薛迷思干（Sämizkant），摩訶末之新都也，守兵五萬（一說有突厥兵六萬、波斯兵五萬），良將統之，城堡甚固，不易攻下。成吉思汗知之，故先掠取四周之地，絕其外援，然後進兵於其城下。時其他三軍已取昔渾河北諸地，亦來會，並驅土著丁壯至。汗以騎兵先達城。 翌日步隊俘虜繼至，編俘虜十人為一隊，隊執一旗，陸續經行城下，俾城人知其兵多。汗環城觀其形勢者二日。第三日晨，命丁壯與士卒進攻，城中軍民出戰，喪失千人，敗還城中，於是守者氣沮。守兵以康里人居大半，康里人自以為與蒙古人為同類，必受善待，因懷去就。成吉思汗召之來投，康里兵遂攜其眷屬輜重出城降。第四日，將攻城，城民赴蒙古營納款，汗善諭之歸，遂開城延蒙古兵入（時在是年四月）。蒙古兵首先隳其壁壘，命居民悉出城，違者殺無赦，僅許法官、教士及其親從等留城中。

是夜有康里將名阿勒卜汗（Alb-qan）者，率兵千人自內堡突圍出走。達曙，蒙古兵諸面同時進攻內堡，薄暮克之。守者千人，退守禮拜寺，力抗不降，蒙古兵縱火焚殺之。

至是聚康里人於一處，收其兵械馬匹。依蒙古俗，降卒須改衣蒙古服裝，薙髮結辮，茲亦命康里人為之，以安其心。至夜盡屠之，死者康里兵三萬，統將二十人。

撒麻耳干居民被殺者為數亦眾。成吉思汗括餘民，取工匠三萬人分賞諸子諸將，中有人匠三千戶後徙蕁麻林（今萬全縣西北之洗馬林堡）搜簡供軍役者，為數亦有三萬。餘居民五萬人，出贖金二十萬底納兒，然後許其還城。成吉思汗驅新編之丁壯一部渡阿母河。所餘丁壯以付諸子，供進攻玉龍傑赤之用。

撒麻耳干城有戰象二十頭，象奴以獻成吉思汗，請給象糧。汗問象被捕前所食何物？對曰食草。乃命放象於野，後皆餓死。

初成吉思汗抵撒麻耳干城下時，即命者別、速不台二人各將萬騎往追算端摩訶末。諭以逕追算端。若遇重兵，勿與戰，待大軍至。若摩訶末不戰而逃，則追隨勿捨。沿途諸城降者免之，抗者滅之。

蒙古軍進躪河中之時，摩訶末退避於哈里甫（Kalif）、安的胡（Andkhud）兩地之間，其意似在防止蒙古兵渡阿母河。撒麻耳干之被圍也，曾先遣萬騎，後遣二萬騎往援，然無一軍敢至撒麻耳干城下。已而集將吏議進止。諸將以河中已無暇可救，應調集全國之兵守阿母河。別又有人勸摩訶末赴哥疾寧，集兵以抗，縱不勝可奔印度。摩訶末以此策萬全，從之。遂向哥疾寧，道經巴里黑，其子魯克那丁遣國相阿馬都木勒克（Amad-al-Mulk）自伊剌黑阿者迷來見，獻議，言伊剌黑人財具足，可以禦敵，不如西向，摩訶末從之。札蘭丁時從父，深不以此二退兵策為然，欲阻蒙古兵渡阿母河，力請於父曰：「設父決赴伊剌黑，則乞假兵柄，與敵一戰，縱敗，人民不致有怨言，而謂平時重稅於民，處危時乃棄民去，一任韃靼人之蹂躪也。」摩訶末不從，反斥其少不更事；且言吉凶有定，災禍之來，孰能抗之，不如待天象有利於我之時。

摩訶末離巴里黑前，遣一支隊赴忒耳迷北之般札卜（Panjab）詗[7]敵情，旋聞報，不花剌陷，繼報撒麻里干降，

⑦　編者按，即偵察之意。

遂急離巴里黑。扈從軍士皆康里人，諸將皆禿兒堪可敦之戚也。中途謀殺算端，事泄，摩訶末夜易寢幕防之，晨起視空幕，攢矢已滿，遂疾行。四月二十八日抵你沙不兒。五月十二日偵知敵騎已入呼羅珊，乃藉行獵為名，奔你沙不兒而去。

者別、速不台二將長驅直入呼羅珊。是時呼羅珊民物繁庶，分四郡，以馬魯、也里、你沙不兒、巴里黑四城為郡治。蒙古兵至巴里黑，城民納幣迎降，蒙古兵置一守將而去。進至匝哇（Zava），城人閉門，拒不獻糧；蒙古兵不欲頓兵於此，捨之而去。守城者登陴擊鼓詈蒙古兵。蒙古兵怒，回攻其城。三日拔之，盡屠居民，縱火而去。進向你沙不兒，執土民詢算端蹤跡。

五月二十四日，蒙古兵至你沙不兒城下，諭令開城，城民請俟其主就擒，然後降附，先饋軍糧，蒙古兵受之而去。其後他隊連日經過城下。六月五日，者別過此，亦皆受饋糧而去。

者別、速不台各率所部分躪各地，速不台歷破徒思（Tus）、達木罕（Damğan）、西模娘（Simnan）等城。者別歷破禡拶答而諸城。至剌夷（Rayi）城下，與速不台軍會，共破剌夷而屠其民。

摩訶末自你沙不兒出奔其子魯克那丁營。時魯克那丁已集伊剌黑軍三萬人於可疾云（Qazvin）城下。摩訶末抵可疾云，召羅耳（Luristan）王哈匝兒阿思卜（Hazar-Asb）與謀禦敵策。羅耳王獻議曰，羅耳、法兒思兩地以山為界，算端應急赴山南，其地物力豐饒，不難糾集諸部之兵十萬，以扼諸山隘口，敵來與戰，可振士氣。摩訶末誤以羅耳王有圖法兒思之意，不用其策，羅耳王遂還其國。已而得剌夷不守之警報，隨從算端之王侯貴人爭先出奔，士卒亦潰。摩訶末率諸子避往哈侖（Qarun）堡，途遇蒙古兵，不識其為算端，發矢射之，算端馬負數傷，忍痛而趨。至哈侖堡，僅留一日。易健馬，進向報達。甫離堡，蒙古兵至，以算端在堡中，急進攻。已而知其已去，解圍追之，途中捕得算端放還之嚮導數人，詢知算端逃向報達。然算端實已趨他道，蒙古兵失其蹤跡，殺導者而還。

摩訶末既改道，馳向可疾云西北數十里之撒兒察罕（Sar-Čahan）堡；居七日，又奔歧蘭（Gilan），復由歧蘭奔禡拶答而。既至，幾孑身無長物矣。時蒙古兵已入禡拶答而，破其都會阿模里（Amol），及其商業城市阿思塔剌巴的（Astarabad）。摩訶末詢諸土酋，何地可以避兵，諸酋勸其暫避於里海中之島上，摩訶末從之，至海岸一村落中。居數日，其仇家導蒙古兵至，摩訶末亟登舟出海。蒙古兵在岸上發矢射之，有數騎躍馬入海逐舟，盡溺死。

時摩訶末已得肋膜炎疾，自知將死，乘舟離岸時歎曰：「君臨之國不少，乃無數尺之地可作墳墓。」既而登一名阿必思昆（Abiskun）之小島，喜其地安寧，結幕居焉。禡拶答而沿岸居民以糧物來獻，摩訶末並授以官職食邑。時隨從諸人多已遣赴諸子所，有時且須親作制書授之。數年後札闌丁復國時，凡以此類制書獻者，皆如約授之。其以故算端之遺物獻者，亦重賞之。

摩訶末自知病勢日重，召諸子札闌丁、斡思剌黑沙、阿黑沙（Aq-šah）等至，收回前此命斡思剌黑沙嗣位之成命，謂非札闌丁不足以光復故國，親取佩刀繫其腰，命諸子對之委質。不數日死，倉卒無殮服，即以其襯衫裹葬之。時在一二二零年十二月，一說在一二二一年一月。

先是摩訶末棄阿母河時，曾遣使至玉龍傑赤，促其母禿兒堪可敦避兵禡拶答而境內。會成吉思汗之使者答尼失蠻亦至，答尼失蠻轉達蒙古汗言，謂汗知算端不孝其母，國中將校願助蒙古軍，然汗實無意侵入可敦所主花剌子模之地，請遣親信之使者來議，他日諸地略定後，將以呼羅珊奉可敦云。可敦置不答。及聞算端退走之訊，乃盡率摩訶末之妻子，輕齎珍寶，棄花剌子模而去。以為蒙古軍飽掠後，不久必退。而摩訶末昔年兼併之諸國王侯皆在玉龍傑赤獄中，恐己去後生變，乃於瀕行之先，盡出此等繫囚投之阿母河中，僅留牙疾兒（Yazir）王子作嚮導，後亦殺之。

禡拶答而山中有堡名亦剌勒（Ilal），險峻難攻，禿兒堪可敦避兵於此。速不台追摩訶末經此堡下，留兵一隊攻之。是堡常多霧雨，得水易，居民從未疏池蓄水以備旱。及堡被圍，久不雨，守兵渴甚，不得已乞降。蒙古兵入據之日，雲霧蔽天，俘禿兒堪可敦及摩訶末之妻子送成吉思汗營。時汗適在圍攻塔里寒（Taliqan）寨。摩訶末諸子雖在稚年，成吉思汗盡殺之。摩訶末四女，以二女賜察合台，察合台自納一人，以其一轉賜家臣。第三女賜荅尼失蠻為妻。至前嫁河中汗斡思蠻而寡居之女，為葉密立（Imil）城之染工所得，一說成吉思汗長子拙赤請之於父納之，後生數子。成吉思汗挈禿兒堪可敦歸蒙古。後在一二三三年歿於和林（Qaraqorum）。

先是摩訶末西奔，經比思塔木（Bistam）城，以寶石二篋（一作十篋）付一侍臣，命交額兒迭罕（Ärdähan）堡守將。後守將以獻蒙古軍，轉送蒙古主營。

第九章

西征之役（中）

摩訶末死後，其三子從海道至曼乞失剌黑（Mangišlağ），從者七十騎，復自是馳抵玉龍傑赤。先是禿兒堪可敦之出奔也，未置留守，及三王子至，全城大歡。未久，有兵七萬集於諸王麾下，諸將皆突厥人，始利斡思剌黑沙闇弱易與，及知以位讓兄，遂大失望，因謀殺新算端。札闌丁聞其謀，一二二一年二月十日遽出奔呼羅珊，前忽氈守將帖木兒滅里以三百騎從，疾驅橫斷花剌子模、呼羅珊兩地十六日程之沙漠，而至納撒（Nasa）。

成吉思汗既克撒麻耳干，屯兵於撒麻耳干、那黑沙不（Nakhšab，Nasaf）兩城之間。次年春，聞摩訶末諸子走玉龍傑赤，即命拙赤從氈的進，察合台、窩闊台從不花剌進，命會師於玉龍傑赤城下。別以兵戍守呼羅珊北境，防其南奔。札闌丁抵納撒時，已有蒙古邏騎七百屯於其地附近，札闌丁猛擊敗之，復由是進至你沙不兒。

札闌丁自玉龍傑赤出走之後三日，斡思剌黑沙、阿黑沙二人聞蒙古軍進兵之訊，亦出奔呼羅珊。蒙古軍躡其後，追殺之於維失忒（Väšt）村中。

花剌子模舊都跨阿母河兩岸，突厥人名之曰古兒犍只（Gurganj），蒙古人則名兀兒犍只（Urganj），疑用畏吾兒字奪其第一聲母，漢譯又訛作玉龍傑赤、兀籠格赤等稱，阿剌壁語則名朮兒札尼牙（Jurjaniya）。自摩訶末三子出奔以後，城中無主，共推禿兒堪可敦之戚忽馬兒的斤（Humar-tä-gin）為算端。蒙古軍先至城下者為塔之別乞（Taji Bäki）之前鋒軍，窩闊台與孛斡兒出之軍繼至，察合台、脫欒之軍續至，拙赤之軍最後至，其數共逾十萬。蒙古前鋒進至城下時，守軍出戰，失利退還。拙赤遣人招降，城民不從，蒙古軍乃退治攻具，境內無石，則多伐桑木，漬水增其重量，以代炮石之用。命所掠諸地丁壯執填壕之役，十日而工畢。至是蒙古軍欲取橫跨阿母河兩岸之橋樑，遣兵三千人往，盡沒。已而拙赤、察合台二王失和，號令不一，紀律亦弛，蒙古軍因是多所損傷，七閱月而城不下。成吉思汗在塔里寒廉得其情，大怒，改命窩闊台總司軍令，於是軍氣復振。下令總攻，守者遂不支。蒙古兵梯登入城，以石油澆先見房屋，縱火焚之。花剌子模兵仍奮勇巷戰，婦女亦參列行間，如是七日，終乃乞降。蒙古軍遂驅民盡出城，徙其工匠十萬於東方，相傳是為東方諸地有回教僑民之始。城中餘眾除婦孺夷為奴婢外，悉配諸隊屠之，聞蒙古軍五萬人，每人殺二十四人，則被屠者有百二十萬矣。屠後引水灌城，廬舍盡毀，藏者皆死，所能存者，僅舊宮與算端帖客失之墓而已。

一二二零年成吉思汗駐夏於那黑沙不。已而進兵阿母河北之忒耳迷，諭城民開城隳堡壘，不從，攻十日拔之，盡驅其民出城，分配諸隊屠之，有老婦將受刃，呼曰：「有寶珠願獻。」及索其珠，則云已咽入腹中，乃剖腹出珠。於是蒙古軍以為他人亦有咽珠事，嘗破諸死者腹以求之。

是年分兵入巴達哈傷（Badaqšan），降之。同時命拖雷率軍入呼羅珊，殘破其地。一二二一年春，成吉思汗率軍渡阿母河，巴里黑城遣使迎降，獻重幣。已而聞札蘭丁聚兵於哥疾寧之報，念留此大城於後路為非計，遂以檢括戶口為名，驅巴里黑之民出城，盡屠之。縱火焚廬舍，夷其堡壘而去。

拖雷之入呼羅珊也，以脫忽察兒為前鋒。一二二零年十月，脫忽察兒進至你沙不兒，攻城甫三日，成吉思汗命奪其職。緣先是成吉思汗有命，來降者勿擾其民，也里城長官額明木勒克（Äminal-Mulk），即《元秘史》所志之篾力克罕（Mälik-qan）者，曾納款於蒙古軍，而脫忽察兒違令抄掠其境，額明木勒克因復投札蘭丁，成吉思汗怒，遂奪脫忽察兒職。故西域書傳其為你沙不兒守兵所射殺。脫忽察兒既行，代將者以兵力薄，不能克你沙不兒，遂解圍去。分軍為二隊，自率其一攻撒卜咱瓦兒（Sabzavar），三日拔之，殺其居民七萬人。其一隊入徒思境，取諸堡。

拖雷本軍七萬進至馬魯城下，擊敗屯於城外之突厥蠻軍萬騎。次日（一二二一年二月二十五日），拖雷率五百騎周視城壘。七日之間，全軍悉集，乃下令進攻。守兵從諸門出城突擊二次，皆被卻還。守將乞降。拖雷縱兵入城，驅居民盡出，凡四日，城始空。先引所俘將卒對眾斬之，繼殺居民，死者數十萬。惟工匠四百及童男女若干得免。拖雷屠城後，置蒙古戍將一人以鎮之，自率軍進向你沙不兒。

先是蒙古游騎至你沙不兒附近者，輒為城人所害，如是數月。城民逆料蒙古必來復仇，遂堅其守備，城上置發弩機三千、發石機五百。蒙古軍攻具亦強，首先殘破你沙不兒四周之地。對城配置發弩機三千、發弩機三百、投射火油機七百、雲梯四千，炮石二千五百擔。攻具既多，士卒復眾，圍城中人望之奪氣，遂請降，並許納歲貢，拖雷不許。翌日（一二二一年四月七日），環城同時進攻，晝夜不息。比曉，壕塹已平，城牆裂七十口。蒙古兵諸面攀登而入，街巷屋舍皆成戰場，屠殺數日，貓犬無遺。拖雷聞屠馬魯時，民匿積屍中得免者不少，至是命盡斷死者首，三分男女幼童之首，聚之為塔。免者惟工匠四百。毀城歷十五日，城市遂墟。

時呼羅珊境內之四大城，僅也里一城未下，拖雷移軍攻之。其別將分躪徒思者，在此城附近掘發哈里發訶侖剌失德（Haruner-Rašid）之墓。拖雷順路躪忽希斯單（Quhistan），進至也里城下，遣使諭降。守將殺諭降使，勵所部奮勇死守。蒙古兵諸面同時進攻，劇戰凡八日，也里守將歿於陣，城人遂乞降。拖雷僅殺官吏士卒一萬二千人，置一戍將以鎮之。越八日，拖雷奉父命會師於塔里寒。

時成吉思汗已克塔里寒，駐夏於其附近山中。察合台、窩闊台二子還至玉龍傑赤。長子拙赤則於攻下此城以後，渡昔渾河北去。是秋，成吉思汗聞札蘭丁擁重兵據哥疾寧，遂進兵往攻之。道經客兒端（Kerduan）寨，留攻一月，拔而夷之。踰大雪山（Hindu-kuš），進攻范延，察合台子木禿干（Mutugan）在城下傷矢卒。成吉思汗鍾愛此孫，悲憤下令進攻，陷之，不赦一人，不取一物，概夷滅之。此城百年以後尚無居民。

初，札闌丁橫斷花剌子模沙漠在納撒擊退蒙古邏騎以後，進至你沙不兒，居三日行，行甫一日，蒙古兵躡蹤而至，亟追之。（一二二一年二月十日），札闌丁遣一將拒之岐路，自從別道逸，蒙古兵遂失其蹤跡。札闌丁於是日一日間奔四百里，至柔贊（Zuzan），欲入城息鞍馬，城民拒不納，遂即夜行。翌日，蒙古軍追逐至於也里道上，不及而還。三日後，札闌丁安抵哥疾寧城。

先是哥疾寧守將於一二二零年時離哥疾寧，與額明木勒克會兵昔思田（Sijistan），富樓沙（Pešawar）守將摩訶末阿里哈兒卜思忒（Muhammad b.Ali Qarpust）遂入據之，所部古耳軍甚眾，額明木勒克遣使與之約聯合以拒蒙古。哈兒卜思忒拒之曰：「古耳人與突厥不能共處，請各守其地，如算端旨。」時札闌丁相苫思木勒克（Šams al Mulk）為哥疾寧民政長官，與內堡守將撒剌丁（Salah ad-Din）同謀除哈兒卜思忒，設宴招飲於近郭園林。酒酣，撒拉丁手刃之。古耳兵聞主將死皆潰。後二、三日，額明木勒克至哥疾寧，囚苫思木勒克於堡中。

已而，有蒙古軍二、三千人進至不思忒（Bust），額明木勒克率軍前往禦，留撒剌丁守哥疾寧。古耳人遂乘隙殺撒剌丁，而奉忒耳迷人剌齊木勒克（Razi al-Mulk）、兀木荅木勒克（Umdat al-Mulk）兄弟二人為主，剌齊木勒克遂自稱王。時有哈剌只（Qalaji）、突厥蠻兩部之人自呼羅珊、河中兩地逃還富樓沙境者，為數頗眾，奉阿格剌黑滅里（Agraq-Mälik）為主。剌齊木勒克謀襲其眾而取其地，與戰不勝，陣歿，其弟兀木答木勒克代之為主。已而巴里黑人阿匝木滅里（Azam-Mäiik）與可不里（Kabul）酋滅里失兒（Mälik-šir）合兵攻取哥疾寧，據其外城。兀木答木勒克退守內堡。被圍四十日，城將下，而苫思木勒克被札闌丁釋出獄，遷之至哥疾寧備供張，諸部聞算端將至，遂息爭。越七日，札闌丁至，諸部之眾皆集其麾下，額明木勒克亦率所部三萬人來從。由是札闌丁盡有阿匝木滅里、額明木勒克、阿格剌黑滅里三部之眾，而阿富汗部長木匝發兒滅里（Muzaffar-Mälik），哈剌魯部長哈散（Hasan）亦各率所部來附。總以上諸軍凡六、七萬騎。札闌丁以女妻額明木勒克。

札闌丁率此軍進向范延附近之八魯灣（Parwan），益前進，擊蒙古兵之圍攻瓦里養（Waliyan）寨者。蒙古兵喪千人，渡般失兒（Panšir）河毀橋而退，與大軍合。

成吉思汗聞訊，立遣失吉忽禿忽以三萬人（一說四萬五千人）往敵。札闌丁亦進軍，兩軍遇於八魯彎附近十里之地。札闌丁以額明木勒克將右翼，阿格剌黑將左翼，命騎士盡下馬，各繫馬韁於腰而戰。右翼先為蒙古軍所破，旋得中軍左翼之援，陣勢遂整，兩軍反覆衝突，互有損傷甚眾。如是二日，勝負不決。第二夜，各退還營，失吉忽禿忽欲紿敵，命各騎縛氈象人，置手引從馬上，騎卒以手扶之，俾敵軍知其有援軍至。詰朝札闌丁諸將望見敵兵列陣兩行，果以為得援，議退，札闌丁持不可，下令仍如昨日步戰，蒙古軍以前戰阿格刺黑軍最勇，因悉銳擊左翼，左翼攢射之，蒙古軍卻而復進，花剌子模軍陣歿五百人。於是札闌丁吹角，全軍上馬，大呼突擊蒙古軍，蒙古軍遂潰，得脫還者為數無幾。

是役札闌丁雖勝，而不免其軍之解體。額明木勒克、阿格刺黑分鹵獲時，爭欲得一阿剌壁種駿馬，不相讓，額明木勒克怒舉鞭撾阿格刺黑首，札闌丁不加責讓，阿格刺黑憤恚，即夜率所部哈剌只、突厥蠻之眾退走富樓沙，並誘古耳部長阿匝木滅里離叛而去。由是札闌丁所部僅餘突厥及花剌子模之眾，遂退哥疾寧。已而聞成吉思汗將大軍至，復退向申河而去。

成吉思汗聞敗訊，以素視失吉忽禿忽若弟，不之責，僅語之曰：「狃於常勝，未受挫折。今遭此敗，當以為戒。」遂下令整軍疾馳，進向哥疾寧，在途二日，行不及炊，至八魯灣戰地，令失吉忽禿忽指示兩軍佈陣處，汗以不善擇地切責之。進至哥疾寧，則札闌丁已行十有五日矣。城民不抗而降，置一長官治之。仍率軍追逐札闌丁，及之於申河河畔，聞其將於次日渡河，乃即夜疾進，擊潰兀兒罕（Urqan）所將之花剌子模殿後軍，命佈陣數列，對河作偃月形，進圍札闌丁之餘眾。黎明，（一二二一年十月二十四日，一說在十二月九日），下令進攻，進薄花剌子模軍，破其右翼，右翼士卒死傷大半。統將額明木勒克逃富樓沙，蒙古軍殺之於道。左翼亦敗，札闌丁僅餘七百人，奮勇進戰，數欲突圍出。蒙古軍欲生致之，不發矢，戰至日中，札闌丁見重圍不開，乃易健馬，復為最後一次之突擊，蒙古軍後卻。札闌丁忽回馬首，脫甲負盾執纛，從二丈高崖上躍馬下投申河，截流而渡。成吉思汗見之，指示諸子曰，此人可為汝曹法也。止將卒之欲泳水往追者。蒙古軍發矢射從渡之花剌子模兵，死者甚夥，河水為赤，盡殲岸上殘兵，虜札闌丁眷屬，殺其諸子。

札闌丁既躍馬橫斷申河，於戰地對岸稍下流處登其東岸，其始孑身無人從，既而將士效之得渡者次第來集。此等殘兵百物皆缺，遂抄掠自資。印度之朮的（Judi）王以騎兵千人、步兵五千人來逐，札闌丁以四千騎擊走印度兵，射殺其將，多所鹵獲。尋聞蒙古兵渡河來追，乃向底里（Delhi）退走。

成吉思汗命巴剌（Bala）、朵兒伯朵黑申二將渡河追敵，不得札闌丁蹤跡，進圍木勒壇（Multan），未能下，以天時酷熱解圍去，不欲深入，遂躪印度邊地，重渡申河，取道哥疾寧與大軍合。

成吉思汗既遣二將渡河後，自率大軍於一二二二年春溯申河右岸上行，以哥疾寧城將來或資敵用，命窩闊台往滅之。窩闊台至哥疾寧，以簡括戶口為名，命居民盡出，除工匠悉送蒙古外，餘悉屠之。

同時也里叛殺蒙古長官，成吉思汗命宴只吉帶（Iljigitai）徵軍五萬往平其亂。也里城民誓死守城，圍之六閱月又十七日，始拔之，盡屠其民，焚殺掠擄凡七日，相傳死者逾百萬。蒙古軍去後，僅餘四十人還居城中。

先是馬魯被屠後，居民避地者愛鄉情切，不久漸歸。鄰近流亡知是地肥沃，亦多從居。時有札蘭丁部將一人率少數兵來據此城，殺拖雷所置波斯人之為官者。蒙古兵五千人自那黑沙不來，盡戮其民，死者十萬。命一回教徒名阿黑滅里（Aq-Mäiik）者留駐馬魯，搜殺逃民，民藏不出。阿黑滅里命教士呼民出為公共祈禱，藏者聞呼出禱，悉被捕戮。如是四十一日，此城遂荒。

其棄札蘭丁而去之哈剌只、突厥蠻、古耳三部之眾，旋發生內訌，互殺主將，成吉思汗遣軍往擊，三部餘眾多被殲滅，其餘潰散。

一二二二年，成吉思汗駐夏於巴魯彎，長春真人邱處機來見。是年十一月，班師渡阿母河，進至撒麻耳干，召回教教師使說明教義。成吉思汗皆是之，惟不以赴默伽（Mekka）巡禮一事為然，以為全世界皆為上帝居宅，任在何地祈禱皆得達於帝所，不必拘拘一地也。已而東行，一二二三年春，行次昔渾河畔，察合台二子來會。一二二四年駐夏於亞歷散德（Alexandrovski），山北忽蘭巴石（Qulan-basi）之野。先是汗召長子拙赤率其諸子來見，拙赤不至。至是唯遵父命驅野獸至忽蘭巴石以供圍獵之用，並獻馬二萬匹。嗣後冬、夏，成吉思汗皆在途中，其二孫忽必烈、旭烈兀（Hulagu）自葉密立之地來見。忽必烈時年十一，射獲一兔；旭烈兀九歲，獲一鹿。蒙古俗兒童初獵者，應以肉與脂拭中指，茲成吉思汗親為二孫拭之。一二二五年春，至禿剌河黑林（Qaratun）之斡耳朵。

第十章 西征之役（下）

先是追逐摩訶末之者別、速不台兩軍，於摩訶末死後，殘破伊剌黑阿者迷諸城。剌夷已先毀，忽木（Qum）繼之。已而進迫哈馬丹，城民奉重幣迎降，蒙古軍置一戍將而去。進破贊章（Zanjan）後，東取可疾云，城民短兵巷戰，大傷蒙古兵。卒以力不能抗，全城被屠，死者四萬餘人。

二將復引軍而北，進薄阿哲兒拜占之都城帖必力思（Täbriz），阿哲兒拜占主月即伯年老而嗜酒，不敢以兵抗，饋貨幣、衣服、馬畜而請和，蒙古軍遂退出阿哲兒拜占境外。是冬甚寒，以里海沿岸木罕（Muğan）之地草肥而氣溫，駐冬於此，分兵入谷兒只。

始谷兒只人以蒙古兵駐冬於木罕，天寒未必即出，方分遣使者往約阿哲兒拜占、者疾烈（Jäzira,Mesopotamie）兩國主，俟來春並力合擊蒙古軍，不意蒙古軍突於冬寒之時侵入谷兒只境內。其地之突厥蠻、曲兒忒兩部人，平時頗受基督教徒淩虐，蓄怨已深。聞蒙古兵進略基督教民之國，多應幕而投麾下，冀得乘機報復，且可飽掠富饒之地以自肥。蒙古兵即以此二部人為前鋒，入谷兒只境，所向焚殺。將抵梯弗利思（Tiflis），谷兒只以軍來禦，蒙古前鋒力戰不利，多所損傷，谷兒只軍亦因以疲弱。蒙古本軍遂乘勢繼進，突擊敗之，斬殺過半（一二二二年二月）。已而蒙古兵還向帖必力思，月即伯復以重饋獻，蒙古軍捨之，進圍馬剌合（Marağa），驅回教俘虜攻城，退縮者斬。越數日，城陷，蒙古兵屠其居民，焚城而去（三月三十日）。

蒙古兵自馬剌合進向阿兒比勒（Arbil），以山路險隘，騎難並行，乃轉向伊剌黑、阿剌壁，哈里發之轄境也。納昔兒急徵阿兒比勒、毛夕星（Mausil,Mosul）、者疾烈三國之兵入援。時者疾烈王已引兵進援埃及，僅有阿兒比勒、毛夕里二國遣軍入衞，進屯答忽哈（Daquqa）。哈里發遣軍八百人來會，並許續遣大軍至，命速進擊韃靼。阿兒比勒王以兵少不足進攻，遣使請於哈里發，請以萬騎來，方能驅虜於境外，哈里發不能應，而蒙古兵亦未進擊。蓋蒙古兵偵悉答忽哈已有一軍屯駐，然未知其虛實，未敢進擊也。回教軍見無援至，自度兵少不能戰，遂各還其本部。

此軍既散，蒙古兵乃進至哈馬丹，結營城外，命其所置戍將徵發銀布以餉軍。城民以去歲業已輸納，不堪一再苛索，因迫市長驅逐蒙古戍將。議甫定，民眾執戍將殺之。蒙古兵聞報，下令攻城，城民奉律士長（fakih）為帥，開城突擊。其始二日戰甚勇，蒙古兵多所損折。第三日，城民以律士長不能騎，請市長代將，然市長已攜家從地道出亡，城民氣沮，雖有死守之決心，然不敢復出戰。蒙古兵以死傷多，將退，及見城民中止突擊，料其意沮，劇攻入之。城民短兵巷戰，不敵，卒受屠戮，亙數日，僅藏伏地穴者得免。蒙古兵焚城而去。

蒙古兵北還，破阿兒答比勒（Ardabil）。復於第三次進至帖必力思城下，月即伯聞警避往納黑出汪（Naqčuvan），留守帖必力思之將勵民防守。蒙古兵知城防甚固，僅索銀布而去。進拔撒剌卜（Sarab），屠之。已而進攻阿兒蘭（Arran）境內之拜勒寒（Baileqan）。先是此城居民請蒙古使者來城議和，而背約殺之。至是蒙古兵來討，攻拔其城，盡殺其男子，女子則辱而後殺，刳孕婦戕其胎（一二二一年十月），遂向干札（Ganja），阿兒蘭之都城也。城民常與谷兒只人戰，以勇敢聞。蒙古兵知不易與，索金帛而去，以兵入谷兒只境。

時谷兒只屯兵於忽難（Qunan）之地，蒙古兵分為二隊，者別以五千人設伏，速不台迎戰佯敗，誘敵人伏中，谷兒只軍三萬人多半覆沒。時谷兒只王剌沙（Laša）新死，女弟魯速丹（Rhuzudan）嗣位，大將軍伊萬涅（Ivanä）總軍事，聞敗訊，倉卒集新軍以防蒙古兵深入。新軍懾敵兵威，不敢與戰，委谷兒只南部於敵，退保梯弗利思。

蒙古兵以谷兒只險隘遍國內，不敢深入，遂飽載鹵獲，東掠設里汪（Širvan）境，破其都城沙馬乞（Šamaqi），進拔打耳班（Darband），然捨其子城不取，設里汪沙剌失德（Rašid）避兵子城中。蒙古兵欲北踰太和嶺（Caucase），苦無嚮導，乃偽與設里汪沙約和，請遣使來議。及使者十人至，皆國中貴人也，蒙古兵殺其一人，而脅其餘人曰：「其不善導蒙古軍踰太和嶺者視此！」

蒙古兵踰山後，阿速、勒思吉思（Lezgiz）、薛兒客速、欽察諸部合兵以禦。兩軍接戰，勝負未決。蒙古兵使人紿欽察部人曰：「彼此皆突厥，曷必助異族而害同類，不如言和，吾曹願以金帛饋。」欽察人為其甘言重幣所餌，遂棄其同盟軍而去。蒙古兵進擊其他諸部，敗之，躪諸部地。復出不意進襲欽察部眾之散歸各地者，殺戮甚眾，斬其部酋玉里吉（Yuri Končakovič）等，所獲逾其所饋。

欽察者，突厥遊牧部落也，據有昔日可薩（Kazar）之地，居黑海、太和嶺、里海之北，東起札牙黑水，西抵禿納（Donau, Danube）水。十二世紀初年，有舊居武川北之庫莫奚部西徙，與欽察合，斡羅思人遂名之曰波羅兀赤（Polovčy），歐洲人則名之曰庫蠻（Qoman），殆為庫莫（Qumaq）一名之轉，然後之史家概名之曰欽察。欽察共分十一部，其中之玉里伯里（(Ürbeli?）部在元代最著名。

至是欽察經蒙古兵不意之襲擊，諸部之眾多倉皇委其牧地而去。有欽察部長名迦迪延（Katyan）者，曾以女妻斡羅思部之伽里赤（Galič, Galicie）王密赤思老（Mstislav），遂率其部眾逃入乞瓦（Kiev）境內，求援於其婿。

當時斡羅思部據地尚小，其東境不逾窩勒伽河之支流斡迦（Oka）河。境內分為數國，其主皆斡羅思人魯里克（Rurik）之後裔。九世紀時，魯里克混一的涅培兒（Dnieper）河之諸撒吉剌（Saqrab，今稱斯拉夫 Slavs）民族，嗣後遂概稱其民曰斡羅思人。魯里克之後裔以國分屬諸子，分國而治，唯奉一有大公之號者為主君。大公以乞瓦為都城，一一六九年時，徙都於兀剌的迷兒（Vladimir）。至是諸藩已多不奉號令，互相爭戰，伽里赤王密赤思老因妻父之乞援，遂集斡羅思南部諸王於乞瓦，議禦敵事，並遣使請兀剌的迷兒大公以兵來助。已而密赤思老糾合乞瓦等部之兵進至的涅培兒河畔。蒙古軍遣使來言，無犯斡羅思部意，所討者其鄰欽察，況欽察侵擾斡羅思部有年，不如同蒙古合兵，同分鹵獲。斡羅思諸王不從，殺蒙古使者，渡的涅培兒河，虜蒙古前鋒將，以畀欽察部人殺之。蒙古軍欲誘敵遠離其境，不戰而退。斡羅思軍以敵不敢戰，躡跡追逐十二日，至端（Don）河鄰近之迦勒迦（Kalka）河，蒙古軍列陣以待。伽里赤王自信可以勝敵，不與乞瓦諸部之王相約，獨率所部渡河進戰，為蒙古軍所敗。伽里赤王棄其將卒，盡焚迦勒漁河上之舟而逃，其軍幾盡覆沒（一二二三年五月三十一日）。

乞瓦王營於河畔一高岡上，目擊伽里赤軍之敗而不進援。蒙古軍至，倉卒謀守禦，然已無及矣，抗守三日，不敵，乞降，惟求免死，蒙古將偽許之。獲之以後，縛諸王於地，覆版其上，蒙古將卒坐版上宴飲，諸王皆壓斃。

兀剌的迷兒大公已遣軍在道，聞敗訊，遽引退。蒙古軍遂長驅直入斡羅思境，躪斡羅思南部，進掠可薩半島（Crimée）而還。

一二二三年終，蒙古軍東還，躪窩勒伽、哈馬（Kama）

二水上流，不里阿耳部當時所居之地，不里阿耳人以軍來拒，蒙古軍設伏敗之，陣斬甚眾。已而取道撒速惕（Sasut,Saqasin）之地，進至康里部，敗其部長霍脫里罕（Qotoz-qan?Qutuz-qan?）之兵，與就歸途之大軍合。

先是花剌子模算端諸子在可疾云倉皇出走之時，魯克那丁走起兒漫，居七月，聞伊剌黑阿者迷之豪族名札馬剌丁摩訶末（Jamal ad-Din Muhammad）者謀據其地，魯克那丁將以兵討之，進營於剌夷附近。忽聞蒙古將台馬思（Taimas）、台納勒以軍進逼，剌夷附近有速敦阿完的（Sutun-Avend）堡，高踞懸崖，素稱難取，魯克那丁入據之。蒙古兵圍攻六閱月，攀登拔之，擒魯克那丁，命之跪拜蒙古汗。魯克那丁不屈，並親從同被殺。札馬剌丁輸款於蒙古軍，蒙古軍偽許納降，誘之至，並其從者盡殺之。

一二二四年，有蒙古兵三千人來自呼羅珊，襲擊營於剌夷附近之花剌子模兵六千人，敗之。入剌夷，盡屠前此脫死復還之城民。先是柯傷（Kašan）等城不當蒙古進軍孔道，得免，至是亦被殘破。蒙古兵追擊花剌子模潰兵，復入阿哲兒拜占，營於帖必力思城附近。遣人諭其主月即伯曰：「若為藩臣，應執花剌子模人以獻，否則視汝為敵。」月即伯不敢違，殺花剌子模將卒數人，送其首於蒙古營，並生執餘眾以獻。蒙古軍所求既遂，且得厚贈，遂去帖必力思而歸呼羅珊。

第十一章 西夏之亡及成吉思汗之死

成吉思汗甫還其斡耳朵，即聞長子拙赤之死訊。先是汗命拙赤經略里海、黑海北方諸地，拙赤未行，汗已不悅。及自西域還蒙古，沿途數召之來見，而拙赤稱疾不至，時拙赤實有疾也。有蒙古人自拙赤之地來，汗詢以拙赤近狀，其人答言甚健，行前尚見其出獵。汗因怒其子違命，欲往討之。方命窩闊台、察合台先將前鋒行，而拙赤死訊至，汗大慟，知其人言不實，所見出獵者乃其部將，而非拙赤本人，欲逮治其罪，則其人已逸去矣。

初，成吉思汗西征前，遣使約西夏主遣軍從征，西夏臣阿沙甘不（Ašagambu）答使者曰：「力既不足，何必為汗？」不肯發兵。至是成吉思汗追討其罪，一二二五年秋，成吉思汗親征西夏。冬間獵於阿兒不合（Arbuqa）之地，墜馬受傷，因得疾。駐於搠斡兒合惕（Jo'orqat），遣使詰責西夏，西夏主答詞不遜，成吉思汗仍扶疾進兵。

一二二六年三月，在道得夢不祥，預知死期將屆，召窩闊台、拖雷二子至，與共朝食畢，時將校滿帳中，汗命諸人暫避，密語二子曰：「我殆至壽終時矣！賴天之助，我為汝等建一大國。自國之中心達於諸方邊極之地，皆有一年行程。汝等如欲長保此國，則必須同心禦敵。大位必有一人繼承，我死後應奉窩闊台為主，不得背我遺命。察合台不在側，應使其勿生亂心。」

當時蒙古進兵似取黑水一道，首下黑水城（Qara-Qoto）。

繼取甘肅等州及西涼府（額里折兀或阿里湫），駐夏於其附近之察速禿（Časutu）山，此言雪山也。

先是一二二零年耶律留哥死，帖木格斡赤斤承制以留哥妻姚里氏權領其眾。至是姚里氏攜子善哥、鐵哥、永安，從子塔塔兒，孫收國奴，見成吉思汗於西涼城。汗曰：「健鷹飛不到之地，爾婦人乃能來耶！」賜之酒，慰勞甚至。姚里氏奏曰：「留哥既歿，官民乏主，其長子薛闍扈從有年，願以次子善哥代之，使歸襲爵。」汗曰：「薛闍今為蒙古人矣，其從朕之征西域也，回回圍大太子於合迷城（Qamič?Qimač?），薛闍引千軍救出之，身中槊。又於不花剌、薛迷思干與回回格戰，傷於流矢，以是積功為把阿禿兒（Ba'atur），不可遣，當令善哥襲其父爵。」姚里氏拜且泣曰：「薛闍者，留哥前妻所出，嫡子也，宜立。善哥者，婢子所出，若立之，是私已而蔑天倫，婢子竊以為不可。」汗歎其賢，給驛騎四十，從征西夏，賜西夏俘人九口、馬九匹、白金九錠，幣器皆以九計，許以薛闍襲爵，而留善哥、塔塔兒、收國奴於汗所，惟遣其季子永安從姚里氏東歸。

是年秋，踰沙陀至黃河九渡，渡河，十二月，攻拔靈州，即蒙古語之朵兒蔑該（Dormägai）也。西夏主命嵬名令公自中興率兵五十萬來禦，汗敗之於黃河沿岸之一平原中。

一二二七年春，成吉思汗留兵攻中興府，自率師徇下黃河南岸諸地。是夏，駐夏於六盤山，金遣完顏合周、奧屯阿虎來請和。金主所饋物有美珠滿盤，成吉思汗以賞諸將之穿耳環者。其無耳環者至穿耳以求之。餘珠散地上，任人取之。

時西夏之地盡平，其民穿鑿土石以避鋒鏑，免者百無一二，白骨蔽野。是年七月，西夏主久被圍於中興府，窮蹙乞降，惟請限一月後獻城，成吉思汗許之，並約以後待之若子。

成吉思汗進至靈州，得疾甚劇，病八日死。時在一二二七年八月二十五日，得年七十三歲。臨危時謂左右曰：「金之精兵在潼關，南據連山，北限大河，難以遽破。若假道於宋，宋、金世仇，必能許我，則下兵唐、鄧，直擣大梁，金急必徵兵潼關。然以數萬之眾千里赴援，人馬疲弊，雖至弗能戰，破之必矣。」同時囑諸將死後秘不發喪，待西夏主及期出城來謁時，執殺之。後諸將果遵遺命殺西夏主。復議屠中興，有西夏將原從蒙古者諫止之。

諸將奉成吉思汗柩歸蒙古，秘其喪不使人知，在道遇途人盡殺之。還至怯綠連河源之舊營，始發喪。陸續陳柩於其諸大婦之斡耳朵中，諸宗王、公主、統將等得拖雷訃告，皆自各地奔喪而來，遠道者三日始至。舉行喪禮後，葬之於斡難、怯綠連、禿剌三水發源之不兒罕合勒敦諸山之一山中。先是成吉思汗曾至此處息一孤樹下，默思移時，起而言曰：「死後欲葬於此。」故諸子遵遺命葬於其地，不起墳壠。葬後周圍樹木叢生，成為密林，不復能辨墓在何樹之下。後裔數人亦葬於此，命兀良合部千人守之，《元史》名其地曰「起輦谷」，今日尚未發現其地云。